项楚 舒大刚 主编

中华经典研究

第一辑

商务印书馆
The Commercial Press

图书在版编目（CIP）数据

中华经典研究 . 第 1 辑 / 项楚 , 舒大刚主编 . 一北京 : 商务印书馆 , 2022
ISBN 978-7-100-21513-8

Ⅰ . ①中… Ⅱ . ①项… ②舒… Ⅲ . ①中华文化—文集 Ⅳ . ① K203-53

中国版本图书馆 CIP 数据核字（2022）第 138142 号

中华经典研究

第一辑

项 楚 舒大刚 主编

商 务 印 书 馆 出 版
（北京王府井大街 36 号 邮政编码 100710）
商 务 印 书 馆 发 行
江苏凤凰数码印务有限公司印刷
ISBN 978-7-100-21513-8

2022 年 9 月第 1 版 开本 700×1000 1/16
2022 年 9 月第 1 次印刷 印张 10¾

定价：68.00 元

目　录

发刊词

"文献"是文化的主要载体,"经典"是文献的根基与灵魂。经典文献具有根源性、典范性和权威性,它是一个民族或国家最精粹、隽永的精神产品,决定着一个民族或国家的精神信仰、道德伦理、知识结构和价值尺度,也伴随着这个民族或国家的生存、发展,甚至劈波斩浪、走向辉煌。放眼世界,所有历史悠久、文化灿烂的民族无不如此。

中国早期经典,是孔子依据唐、虞、夏、商、周历史文献删订阐释而成的"六经"(《诗》《书》《礼》《乐》《易》《春秋》)。后人在"六经"(《乐经》后失传)基础上增列"十三经",即《诗》《书》《易》,《周礼》《仪礼》《礼记》(即"三礼"),《左传》《公羊传》《穀梁传》(即"《春秋》三传"),及《论语》《孝经》《尔雅》《孟子》十三种典籍。它们是中华文化的基本经典。儒与道、释,并称"三教",儒、道、释三教经典的汇编,皆名曰"藏"。其中道曰"道藏",含三洞四辅十二部;佛曰"大藏经",称三藏十二分教;儒曰"儒藏",可分为"三藏二十四目"。历史上,三教元典共同构成了中华民族的精神底色和文化根基。此外,在历史的演进过程中,原本处于九流杂艺的"兵经""星经""算经""医经""本草经"等各类经典也是中华经典的重要组成部分。

"经典",特别是儒、道经典及中国化的佛教经典,是传承、演绎中华文化和本土文明的中枢关键。"经典"作为历史文献，是讲明上古历史、追索文化渊源、突出民族精神的主要依据，它传递和接续了中华5000年文明史，前2500年历史因之而传，后2500年文明据之而开。此外，道教文献，以及东汉以来传入和翻译的佛教典籍，也是古圣先贤对人生、宇宙和世界的认知与探讨，其中也记录了历史的经验与教训，反映出先民生产生活乃至灵魂思辨的轨迹与精神。经典在历史上曾是施"教"致"化"、开启智慧、塑造君子和大德高士的教科书，是宣扬文明秩序反对武力征伐、提倡仁政德治反对苛政暴政、宣扬"民贵君轻"反对暴君专制的文明政典。"经典"铸就了中华民族特有的精神气质、文化基因和基本范式，也造就了本民族逢凶化吉、转危为安、凤凰涅槃、文明绵延不绝的强大力量。中华民族"奉天道""尊天命""敬鬼神""法祖宗""贵礼乐""讲文明"，以及"道法自然""天人合一""万法唯心""精神不灭"等信仰因之奠定，中国人"孝悌忠信""礼义廉耻""忠恕礼敬""仁民爱物""以和为贵""和而不同""珍惜生命""无为无不为"等道德伦理因之而形成，中国人"哲学""宗教""经学""史学""文学""语言""政事""德行"等知识结构因之而奠基，中国人"礼乐射御""书艺数术""诗词歌赋""琴棋书画"等优雅技能也因之而造就。举凡国人认识世界、治理国家、和谐家庭、安顿心灵、追求至善的方方面面，都在"经典"教育中打下深厚基础；国人理性看世界、平等待世人、和平办外交、文明求发展的精神气质，也都得益于经典的浸润与潜移默化。《文心雕龙》曰："经也者，恒久之至道，不刊之鸿教也。"诚哉斯言！壮哉斯言！

经典培植了中国的历史之根、思想之源、信仰之魂，经典著作无疑就是中华民族文化的根本、源头、灵魂之所系。随着中外文化交流、各族文明互鉴日益推进，经典还以最典型、最突出的姿态，在与各个国家和民族交流互鉴、和平发展中发挥着重要作用。国际、族群之间的经典互译和互动，就是文明彼此借鉴、文化共同发展的历史缩影。

经典是特定民族和国家的历史载体、文化典型，是文明的范式、智慧的源泉，具有源头活水、精神家园的作用，体现出特定的信仰体系和价值标准。同时，经典也是各个民族、各个国家实现文化交流、文明互补的重要枢纽。对这些经典的研究与阐释，不仅具有认识历史、解释历史的"温故"价值，而且通过对经典互动历程的情景还原与经验探索，对于促进当代人类命运共同体建设、实现世界和平，也具有重要的"知新"作用。经典不仅曾经点亮历史的星空，还将继续照亮未来的航程。

《中华经典研究》的创办，正欲研究经典之文本，总结经学之成就，发掘经典之价值，揭示圣贤之秘旨，以为认识历史、改造现实服务。本刊实施"开明开放，平等平和；百家经典，兼容并包；学术融通，互动互鉴"的办刊方针，倡导学术民主，讨论自由，因经明道，弘道兴学。

"德不孤，必有邻。"中华经典在海外的传播实绩可观；利玛窦、理雅各、韦利等辈的译注重典有待深入阐释；汉学家对中华经典的研究，当不乏真知灼见。故本刊特设"经典海外传播"栏目，敬候海内外学人惠赐大稿。

为繁荣学术，增进了解，构建和谐社会，建设和平世界，我们应当尽可能多地从经典研究中获取古今中外圣贤的智慧与启迪。

凡我同仁，齐心协力；一体同心，共襄盛举！

《中华经典研究》编委会

2022 年 3 月

专题研究

经典:民族文化的特有资源

舒大刚[*]

摘要: 经典是一个民族或国家最精粹、隽永的精神产品。犹太民族有《塔纳赫》,古印度有《奥义书》和《薄伽梵歌》,古希腊有《荷马史诗》《几何原本》《形而上学》等,阿拉伯世界有《古兰经》。这些经典拯救了经典创造者,也征服了经典接受者的世界。孔子删订阐释的"六经"以及因之而形成的"十三经",则是中华民族最核心的古老典籍。它传递和接续了中华5000年文明史,铸造了中华民族特有的精神气质、文化基因和文明走向,是中华文化的根本、源头和魂魄所在。中共中央办公厅、国务院办公厅出台的《关于实施中华优秀传统文化传承发展工程的意见》所举诸核心观念多半出自经典,因此文化自信当从经学复兴入手,学术繁荣也当从经典研习发轫。

关键词: 经典 文化 西方经典 中华经典 当代价值

经典是指具有根源性、典范性、权威性和经久不衰价值的文献。它们或者是经过历史淘汰优胜出来被证明是"最有价值的"的文献,或者是某个民族、某个学术领域最精粹、最精髓的作品,或者是一个时期中内容

---

* 舒大刚,四川大学古籍整理研究所教授、博士生导师,主要从事儒学文献研究。

最具代表性、形式也最完美的成果。经典尤其专属于那些具有重大原创性、历史奠基性和文化再生性的著作。

经过历史的长期演绎和熔铸,经典文献演变成后世历史的根、文化的源和民族的魂,是人们从事生产生活、文明再造的精神食粮和心灵家园。认识经典的存在价值,研习和传承好文化经典,是一个民族实现文化传承、文化自信和文化自强的重要途径。宣传和阐释好本民族经典,也是一个民族与其他民族交流对话的文化实力和特有资本,更是这个民族走向世界、融入世界的宝贵财富和亮丽名片。

一、 世界上形形色色的文化经典

每个优秀民族的文化,都有自己经久不衰的文化经典,是这些经典奠定了这个民族的信仰和价值观,也是这些经典教会了这个民族如何思考问题、认知世界和处理事务,经典就是这个民族的性格和文化的缩影。

就目前而言,西方世界影响最大的经典无疑就是《圣经》。其中"旧约"是犹太教主要经籍《塔纳赫》,从传说中的公元前 13 世纪摩西带领以色列人出埃及时写起,前后历经约 1000 年方始完成,文献包括历史、传奇、律法、诗歌、论述、书函等形式;加之后起的"新约"及其相关释文,便构成系统的基督教宗教文献体系。其内容包括犹太教及基督教的起源、发展以及教义、启示等,也记载了古代中东乃至南欧一带的民族、社会、政治、军事等多方面情况和风土人情,既是基督教教义、信仰、准则以及教会组织和礼仪规矩的基础,也是西方思想文化以及文学、美术、建筑、音乐等创作的源泉。

古印度则有"三大圣典",即《薄伽梵歌》《吠陀经》与《奥义书》。《吠陀经》(又译为韦达经、韦陀经、围陀经等,是知识和启示的意思),是婆罗门教和现代印度教最重要和最根本的经典,是印度数百年中所涌现的众多印度教哲学流派的思想源泉。印度教徒认为它们表达了恒定不变的自我,依其业行可以在肉体之间转移思想。《奥义书》(原指"坐近来",义含师徒对坐密授)由《吠陀经》演化而来,被称为秘密书、哲学书,内容丰富,思想幽玄,有 108 部之多,中译有《五十奥义书》。它是古印度婆罗门教的根本经典,汇集了韦檀多时代(公元前 7 世纪—前 6 世纪)许多派别的思想,反映着当时的种姓阶级制度以及教育文化、民间风俗等种种社会生活,同时,还着重探讨了人生与宇宙的关系,如轮回解脱、梵我关系、修习禅定的方法等,在印度文化,尤其是哲学思想中占有无可比拟的崇高位置。佛教思想也源于《奥义书》,佛陀正是应用了自己的大智慧将《奥义书》哲理升华得更加精妙。《薄伽梵歌》为古今印度社会中家喻户晓的梵文宗教诗,成书年代大约在公元前 1000 年到公元 400 年之间,对印度思想界有莫大影响,而且是近世印度思想家的精神支柱。

古希腊也有很多经典,最著名的是《荷马史诗》,由两部长篇《伊利亚特》和《奥德赛》组成,其主题是特洛伊战争,描述了古希腊从氏族社会过渡到奴隶制时代的社会史、风俗史,具有历史、地理、考古学和民俗学等方面的价值,表现了人文主义的思想,肯定了人的尊严、价值和力量。古希腊经典还有数学经典《几何原本》,哲学经典《形而上学》《理想国》等。

阿拉伯民族的经典是《古兰经》,是有史以来第一部用阿拉伯文书写的文化典籍,构成阿拉伯世界的永久性法典、最高信仰和最高准则,是伊斯兰教各学科和各派别学说赖以建立的理论基础。《古兰经》以诗歌形式写就,在阿拉伯思想文化史上占有重要的地位。它直接反映了 7 世纪初发生于阿拉伯半岛并对后来阿拉伯民族发展有着深远影响的一场伟大社会变革,是研究穆罕默德和伊斯兰教以及当时半岛社会情况极其重要的文献。伊斯兰教的传播打破了狭隘的部落民族界限,促进了阿拉伯半岛的统一。阿拉伯世界通过宗教将松散的部落联合起来,并通过各种方式(包括征战、商业、政治、移民等)使各个地区的文化得以传播、交流。

经过几个世纪发展,阿拉伯文化后来居上,在数学、文学、天文学、哲学、医学、物理学、化学上都取得了巨大成果,涌现出数以百计的文化大师。①

　　由此可见,经典记录了特定民族的历史,规范了各个地区的文化,统一了各自信众的思维,凝聚了各自的族群,创造了人类历史上的不同文明。经典就是所属民族的文明范式和行动指南。

二、"六经"和"十三经":中华民族的经典

　　中华民族历史悠久、文献丰富,经典也十分厚重。相传早在三皇五帝时代,就已经形成了《三坟》《五典》《八索》《九丘》等重要文献。② 春秋末年,孔子集历史文献之大成,修订完成《诗》《书》《礼》《乐》《易》《春秋》,而后形成中华民族永世不绝、亘古不衰的"六经"。先是孔子"以《诗》《书》《礼》《乐》教",形成"弟子盖三千焉,身通六艺者七十有二人"③的儒家学派。再是孔子弟子游艺四方,友教诸侯,为王者师,使"六经"得到广泛传播,民众智慧大为开启。

　　西汉景帝末年,又由文翁在蜀郡开设学宫,实施"七经"教化,以经术通明者为官吏④,而后开启"以文化人""以文选吏"的新时代。继而汉武帝"罢黜百家,表彰六经""令天下郡国皆立学校官"⑤,复设太学,置弟子员,而后经学成为全民教化之主流,成为觉世牖民、移风易俗、影响政治,

---

① 按:以上参考《中国大百科全书·宗教卷》(中国大百科出版社 1988 年版)各条。
② 《左传》昭公十二年:"是能读《三坟》《五典》《八索》《九丘》。"杜预注:"皆古书名。"见《春秋左传正义》卷三六二,阮元校刻《十三经注疏》本,中华书局 1980 年版,第 2064 页。本文所引"十三经"皆为中华书局 1980 年版阮元校刻《十三经注疏》本,后文注释版本略。又旧传汉孔安国《尚书序》:"伏牺、神农、黄帝之书,谓之《三坟》,言大道也。少昊、颛顼、高辛、唐、虞之书,谓之《五典》,言常道也";"八卦之说,谓之《八索》,求其义也。九州之志,谓之《九丘》。丘,聚也,言九州所有、土地所生、风气所宜,皆聚此书也"。(见《尚书正义》卷首,第 113 页)
③ [汉]司马迁:《史记》卷四七《孔子世家》,赵生群修订本,中华书局 2014 年版,第 2347 页。
④ [晋]陈寿:《三国志·蜀书》卷八《秦宓传》:"文翁遣相如(张宽)东受七经,还教吏民,于是蜀学比于齐鲁。"(中华书局 1959 年版,第 4 册,第 973 页)
⑤ [汉]班固:《汉书》卷八九《循吏传》,中华书局 1962 年版,第 11 册,第 3626 页。

进而奠定中华民族习性、规范中国文化特征的强大精神力量。时至今日,我们提倡文化自觉和文化自信,从事文化建设和文化强国,特别是进行文明对话和文化交流,这些在历史上长期流传的文化经典,仍然是值得我们认真品味和积极吸取的宝贵资源。

"经",按其本义,是织布车上的纵线(或编联竹简的丝绳);"典",像竹编简册撂在案头上。经典具有"经过整理而后形成的完备系统的要籍"之意。儒家经典,在孔子之前只有四部(《诗》《书》《礼》《乐》四经),孔子时才整理出"六经"("四经"加上《易》《春秋》)。后来经典逐渐有所增减或阐释,形成"七经"(《诗》《书》《礼》《易》《春秋》,加《论语》《孝经》)、"九经"(《诗》《书》《易》《礼记》《春秋左传》,加《周礼》《仪礼》《公羊传》《穀梁传》)和"十三经"("九经"加《论语》《孝经》《孟子》《尔雅》)其中《论语》《孟子》《大学》《中庸》也称"四书"。"十三经"是中国历史文化的突出代表,几乎是中华文明的价值灵魂和根本渊源。

如果说,西方有《圣经》,中亚有《古兰经》,南亚有《奥义书》等经典作为最高精神准则的话,那么,"六经"或"十三经"就是中华民族赖以生存发展,进行文明塑造和文化交流的典籍。

三、 中华经典的历史内涵

经典在历史上之所以能起到这些作用,与经典本身的内涵和价值分不开。

其一,经典是记事之"史",是研究中华上古"历史"的主要依据。孔子尝曰:"吾欲托之空言,不如载之行事之深切著明也。"[①]说明孔子重视依事立教、实事求是。"六经"并非只是圣心独运的空言垂教,而是依据

---

① [东汉]赵岐:《孟子题辞》引,载《孟子章句》首(《孟子注释》下册,第2662页)。又[西汉]董仲舒著,钟肇鹏等校释《春秋繁露校释·俞序》引孔子语:"吾因其行事而加乎王心焉,以为见之空言,不如行事博深切明。"(河北人民出版社2005年版,上册,第356页)

"旧法世传之史"①整理而成的"以史为教"的经典。《春秋》中虽有孔子寄托的"王道"(或"王心"),但是"其事则齐桓、晋文,其文则史","其义则丘窃取之也"②,故老子说:"夫'六经',先王之陈迹也。"③

我们要讲明尧、舜、夏、商、周以及上古历史,明确古代学术思想的渊源,主要靠的就是"经典",后儒所谓"六经皆史",即是从这个意义上说。这是客观的事实,也是先秦以来儒者的共知共识。经典以史为教,以先王经验为说,故前此之历史赖之以存,后此之智慧由是而开。

柳诒徵曰:"孔子者,中国文化之中心也,无孔子则无中国文化。自孔子以前数千年之文化,赖孔子而传;自孔子以后数千年之文化,赖孔子而开。即使自今以后,吾国国民同化于世界各国之新文化,然过去时代之与孔子之关系,要为历史上不可磨灭之事实。"④

其二,经典是载"道"之"经",是天地规律的完整体现。经典虽皆"旧史",但也是先民关于天地万物和人伦社会的经验总结,其中蕴含有"先王之道""成败之迹",特别是经过孔子"论次《诗》《书》""修起《礼》《乐》"和"笔削《春秋》""阐扬《易传》"后,其中的"仁义"思想和"德义"精神得到充分凸显,"经"就成了载"道"之书,也成了问"道"之津。

汉儒翼奉说:"臣闻之于师曰:天地设位,悬日月,布星辰,分阴阳,定四时,列五行,以视(示)圣人,名之曰'道'。圣人见道,然后知王治之象,故画州土,建君臣,立律历,陈成败,以视贤者,名之曰'经'。贤者见经,然后知人道之务,则《诗》《书》《易》《春秋》《礼》《乐》是也。"⑤

经典是圣人认识"道"的记录,包括天地之位、日月之行、阴阳之变、四时之运、五行之德等自然之道,也包括行政区划、君臣职守、声律历算

---

① [战国]庄周:《庄子集释·天下》,郭庆藩集释,中华书局1981年版,第4册,第1067页。
② [战国]孟轲《孟子·离娄下》:"晋之《乘》,楚之《梼杌》,鲁之《春秋》,其实一也。其事则齐桓、晋文,其文则史。仲尼曰:其义则丘窃取之也。"(《孟子注疏》下册,第2728页)
③ [战国]庄周:《庄子集释·天运》,郭庆藩集释,中华书局1981年版,第2册,第532页。
④ 柳诒徵:《中国文化史》第二十五章《孔子》,东方出版中心1988年版,上册,第231页。
⑤ [汉]班固:《汉书》卷七五《翼奉传》,中华书局1962年版,第10册,第3172页。

和古今成败等王者之治。"六经"就是天道、地道和人道的总汇。《汉书·儒林传序》也说:"古之儒者,博学乎'六艺'之文。六学(艺)者,王教之典籍,先圣所以明天道、正人伦、致至治之成法也。"①经典成了人们学习文化知识,实现个性修养、社会治理的重要教材。

其三,经典是言"知"之方,是经验智慧的全面总结。"六经"总体所载无非"道",但是各书所言又有分殊,每一经又有自己侧重的知识重心。《史记·滑稽列传序》引:"孔子曰:'六艺'于治一也。《礼》以节人,《乐》以发和,《书》以道事,《诗》以达意,《易》以神化,《春秋》以道义。"②《庄子》云:"《诗》以道志,《书》以道事,《礼》以道行,《乐》以道和,《易》以道阴阳,《春秋》以道名分。"③概言之,《诗》乃抒情文学,故长于真情实感;《书》乃历史记录,故长于明事纪功;《礼》乃行为规范,故长于制度文明;《乐》乃音乐作品,故长于和乐盛美;《易》讲天地阴阳,故长于运数变化;《春秋》讲是非名分,故长于社会治理。相同的观点,在《荀子·儒效》《春秋繁露·玉杯》等文献中有反复说明。"六经"包罗至广,内涵丰富,各司其职,各从一个侧面讲明一个方面的道理,共同完成塑造"仁义"之士、博雅君子的任务。

其四,"经典"是施"教"之籍,是传授知识技能的教科书。《中庸》说:"天命之谓性,率性之谓道,修道之谓教。"④人类追求真善美的理论依据除了历史知识、实践经验外,还有来自天道自然等外在规律的启迪。但是,人性之美虽然天成,而自知其性却由教生,故儒家特别注重经典教育。孔子曰:"君子学道则爱人,小人学道则易使也。"⑤故"以《诗》《书》《礼》《乐》教",于是树之风声,以立民极,垂为万世师表。后儒沿波,教

① [汉]班固:《汉书》卷八八《儒林传》,中华书局1962年版,第11册,第3589页。
② [汉]司马迁:《史记》卷一二六《滑稽列传》,赵生群修订本,中华书局2014年版,第3885页。
③ [战国]庄周:《庄子集释·天下》,郭庆藩集释,中华书局1981年版,第4册,第1067页。
④《礼记·中庸》,载《礼记正义》下册,第1625页。
⑤《论语·阳货》,载《论语注疏》下册,第2524页。

泽广布,经典的教育功能得到极大的发挥,中华民族的民族性也由此得到重塑和发扬。

《礼记·经解》述经典之教的效果说:"入其国,其教可知也:其为人也,温柔敦厚,《诗》教也;疏通知远,《书》教也;广博易良,《乐》教也;洁静精微,《易》教也;恭俭庄敬,《礼》教也;属辞比事,《春秋》教也。"①经典的内容各有专主,功能各别,教化也各有效验。"温柔敦厚"的性格是《诗》教的结果,博古通今是《书》教的结果,豁达包容是《乐》教的结果,沉静精邃是《易》教的结果,恭俭庄敬是《礼》教的结果,叙事准确是《春秋》教的结果。学习"六经"可以变换气质、移风易俗,善一人以善一家,善一家以善一族,善一族以善乡邦;再由乡邦以达于国,由国以达之天下。求诸师,求诸经,明于性以知乎天,明于经以适乎道! 这就是中国儒家觉世牖民的教化途径。

其五,"经典"是教"化"之典,是仁政德治的集中体现。孔子主"性相近,习相远",孟子主"性本善",荀子主"人性恶",无论起点如何,都主张推行社会教化,实现移风易俗,而其途径则无非"礼乐政刑"或经典教育。无论是出于"学道易使"(孔子)、"闲邪存诚"(《易经》)的考虑,或是出于恢复"四端"以致"良知"的诱导(孟子),或是出于"化性起伪"的礼乐防设(荀子),儒家各派都不否认"六经"教化的作用,荀子所谓"始乎读经,终乎读礼",最后成为圣人的教育模式,乃为儒家各派所共同遵守。汉人说理重视"五行",因为"五行"为事物之本、万化之源;汉人言治重视"五常",因为"五常"为人性之本、教化之基。"六经"也正好是对"五行"之理和"五常"之教的揭示与赞助。

《汉书·艺文志序》说:"'六艺'之文:《乐》以和神,仁之表也;《诗》以正言,义之用也;《礼》以明体,明者著见,故无训也;《书》以广听,知之术也;《春秋》以断事,信之符也。五者,盖五常之道,相须而备,而《易》为

---

① 《礼记·经解》,载《礼记正义》下册,第1609页。

之原。"①《乐经》有民神同乐的效果,体现了"仁"的精神;《诗经》提倡准确表达感情,体现了"义"的原则;《礼经》讲明行为规范,体现了"礼"制文明;《书经》的博古通今,体现了"知"的精神;《春秋》善于评断事理,体现了"信"的精神。经典是与"五行"("五常")原则互相匹配的,从知识到人格,从形下到形上,进而实现了儒家经典教化的最高境界——通神达道,止于至善。

四、 经典的历史影响

聪明的统治者就是要发现和发挥经典的这些功能,善加利用,广泛推广,诱导百姓,从而实现文明发展、天下大治,驯致雍熙和睦的化境。

《隋书·经籍志序》曰:"夫经籍也者,机神之妙旨,圣哲之能事,所以经天地,纬阴阳,正纪纲,弘道德,显仁足以利物,藏用足以独善,学之者将殖焉,不学者将落焉。大业崇之,则成钦明之德,匹夫克念,则有王公之重。其王者之所以树风声,流显号,美教化,移风俗,何莫由乎斯道!"②这里讲的虽然是所有文献,而其灵魂和主干无疑是经典文献。

经典从原来作为历史的记录,进而成为圣人教化、治理天下的神秘武器,成为通达天地原理、阴阳变化规律、人伦纲纪的教材,成为人们修身养性、善待他人的准则。学习经典,就可以获得自我的完善、事业的成功;利用经典,是实现天下治理、维护文明社会的重要途径。

经典具有大道之源、知识之府、化民成俗、流传万世的普遍价值。从历史的眼光出发,我们会发现,不仅孔子以前 2500 年的历史主要通过经典得到传承和记述,其后的历史也是在经典的影响下运行的。

秦汉的大统一得益于《春秋》中的"大一统"思想,"书同文,车同轨"

---

① [汉]班固:《汉书》卷三〇《艺文志》,中华书局 1962 年版,第 6 册,第 1723 页。
② [唐]魏徵等:《隋书》卷三二《经籍志》,中华书局 1973 年版,第 4 册,第 903 页。

来自《中庸》的启示，两汉"经学"、历代"史学"得益于对先秦儒家经典的研习和模仿，历代礼仪等制度建设受启于《礼经》典范，中华诗国得益于《诗经》的教化，宋明理学得益于"四书"的讲明，中华孝悌忠信等伦理道德得益于《孝经》的垂范，中国哲学的阴阳、五行、三才、时中、常变、经权等观念得益于《周易》《尚书》的启迪，似此之类，不一而足。从思想学术层面讲，中国是一个"重视经学"的族群；从社会治理层面讲，中国是一个崇尚"文治"（"以经术文饰吏事"）的国度。

我们无论是研究文字、语言、历史、哲学，还是要讲明道德、伦理、政治、经济等等，都离不开经典。这样看来，文化经典不仅仅是一家一派的经典，而且是整个中华民族的经典；经典不仅属于古代，而且属于现在和未来！真正的经典是不会随着时移世易而失去价值的。我们之于经典，只有觉悟和不觉悟、明白和不明白、实行和不实行之分别，没有过时和不过时、需要和不需要、遵守和不遵守的问题。

1593 年意大利传教士利玛窦将"四书"译成拉丁文寄回欧洲，开启了中华经典西译交流的历史。1626 年法国传教士金尼阁将"五经"译成拉丁文并刊印，成为中国经典最早刊印的西文译本。此后，中国的经典和儒家学说通过意大利和法国传教士的研究、介绍，先后有拉丁文和法文译本，在欧洲知识界和上层社会得到流传。此对欧洲近代的学术文化发展，曾经产生过一定影响。

五、 经典的当代价值

尽管历史进入了文化多元化的新时期，但经典仍然是各个民族与国家文化传承和文化建设的最根本的依据。社会的进步应该带来文化的繁荣，经济的发展应该促进文明的提升，物质的丰富应该优化道德与伦理。因此，2017 年 1 月，中共中央办公厅、国务院办公厅印发《关于实施

中华优秀传统文化传承发展工程的意见》(以下简称《意见》),具体谋划
和定义了新时代传承发展中华优秀传统文化的重要意义、基本任务、主
要内容和可行途径,其中"主要内容"明确划定了"核心思想观念""中华
传统美德"和"中华人文精神"三个方面,还具体提炼了各方面的优秀内
容,其设定都是古今辉映、各族共需、与史相连、与经相通的。

如在"核心思想观念"部分,《意见》指出中华先民在"修齐治平、尊时
守位、知常达变、开物成务、建功立业"等过程中,形成了革故鼎新、与时俱
进、脚踏实地、实事求是、惠民利民、安民富民、道法自然、天人合一等思想,
提倡"讲仁爱、重民本、守诚信、崇正义、尚和合、求大同"等理念。在"中华
传统美德"中,《意见》称"中华传统优秀文化蕴含着丰富的道德理念和规
范",如天下兴亡、匹夫有责、精忠报国、振兴中华、崇德向善、见贤思齐、孝
悌忠信、礼义廉耻等等理念,号召"要大力弘扬自强不息、敬业乐群、扶危济
困、见义勇为、孝老爱亲等中华传统美德"。在"中华人文精神"中,《意见》
揭示的精神财富有:求同存异、和而不同、文以载道、以文化人、形神兼备、
情景交融、俭约自守、中和泰和,强调"促进社会和谐、鼓励人们向上向善"。

细考《意见》所举诸核心价值观念,大都出自经典文献。如"修齐治
平"出自《大学》;①"尊时守位""知常达变""开物成务""革故鼎新""与
时俱进"出自《周易》;②"脚踏实地"虽是俗语,但宋儒李过注《周易》履卦

---

① 《礼记·大学》:"古之欲明明德于天下者,先治其国;欲治其国者,先齐其家;欲齐其家者,
先修其身……心正而后身修,身修而后家齐,家齐而后国治,国治而后天下平。"(《礼记正
义》下册,第1673页)

② 按"尊时守位",即《周易·乾卦·象传》:"六位时成,时乘六龙以御天。"(《周易注疏》上册,
第14页)《乾文言》:"故居上位而不骄,在下位而不忧,乾乾因其时而惕。"(《周易注疏》上
册,第16页)"知常达变",即《乾文言》:"子曰:上下无常,非为邪也;进退无恒,非离群也。
君子进德修业,欲及时也,故无咎。"(《周易注疏》上册,第16页)又《系辞上》:"易穷则变,变
则通,通则久。"(《周易注疏》上册,第86页)"变动不居,周流六虚,上下无常,刚柔相易,不
可为典要,唯变所适。"(《周易注疏》上册,第89—90页)"开物成务",《系辞传上》:"子曰:
夫《易》何为者也? 夫《易》开物成务,冒天下之道,如斯而已者也。"(《周易注疏》上册,第81
页)"革故鼎新",《序卦传》:"井道不可不革,故受之以革;革物者莫若鼎,故受之以鼎。"王弼
注:"井久则浊秽,宜革易其故。"(《周易注疏》上册,第96页)"杂卦传》:"革,去故也;鼎,取
新也。"(《周易注疏》上册,第96页)"与时俱进",见《乾文言》"与时偕行""与时偕极"(《周
易注疏》上册,第16页);又见《遁卦》《损卦》象传。

九二"履道坦坦"即"所谓脚踏实地也"①,可见其也是《周易》义之一;"实事求是"出自《汉书》;②"惠民利民、安民富民"出自《左传》;③"道法自然"出自《老子》;"天人合一"正式见于张载《正蒙》,但张氏明确说即是"《易》所谓'不遗''不流''不过'者也"④。至于"讲仁爱"明见于《论语》"仁者爱人";⑤"重民本"出自《尚书》"民为邦本,本固邦宁";⑥"守诚信"本于《论语》《礼记》;⑦"崇正义"取自《论语》;⑧"尚和合"出于《周易》《国语》;⑨"求大同"正见于《礼运》。⑩

　　"天下兴亡、匹夫有责"是梁启超对顾炎武《日知录·正始》中观点的

① ［宋］李过:《西谿易传》卷二《履卦》,文渊阁《四库全书》,台湾商务印书馆1983年版,第17册,第662页。
② ［汉］班固:《汉书》卷五三《景十三王传》:"河间献王德以孝景前二年立,修学好古,实事求是。"(中华书局1962年版,第8册,第2410页)
③ 《左传》桓公六年:"所谓道,忠于民而信于神也,上思利民,忠也;祝史正辞,信也。"(《春秋左传正义》上册,第1749页)又文公十三年:"邾子曰:'苟利于民,孤之利也。天生民而树之君,以利之也。民既利矣,孤必与焉。'左右曰:'命可长也。君何弗为?'邾子曰:'命在养民,死之短长,时也。民苟利矣,迁也,吉莫如之。'"(《春秋左传正义》上册,第1853页)
④ ［宋］张载:《正蒙》,载林乐昌:《正蒙合校集释》,中华书局2012年版,第947页。
⑤ 《论语·颜渊》:"樊迟问仁,子曰:'爱人。'"(《论语注疏》下册,第2504页)
⑥ 《尚书·五子之歌》:"皇祖有训,民可近不可下。民惟邦本,本固邦宁。"(《尚书正义》上册,第156页)
⑦ 《论语·为政》"子曰:人而无信,不知其可也。"(《论语注疏》下册,第2463页)又《颜渊》"子贡问政,子曰:'足食,足兵,民信之矣。'子贡曰:'必不得已而去,于斯三者何先?'曰:'去兵。'子贡曰:'必不得已而去,于斯二者何先?'曰:'去食。自古皆有死,民无信不立。'"(《论语注疏》下册,第2503页)《礼记·檀弓上》:"子思曰:丧三日而殡。凡附于身者,必诚必信,勿之有悔焉耳矣。"(《礼记正义》上册,第1275页)又《檀弓下》:"孔子曰:其身正,不令而行;其身不正,虽令不从。苟无礼义、忠信、诚悫之心以莅之,虽固结之,民其不解乎?"(《礼记正义》上册,第1313页)又《祭统》:"是故贤者之祭也,致其诚信与其忠敬。"(《礼记正义》下册,第1602页)
⑧ 《论语·学而》"子曰:'君子之于天下也,无适也,无莫也,义之与比。'"(《论语注疏》下册,第2471页)"君子喻于义。"(《论语注疏》下册,第2471页)又《卫灵公》:"君子义以为质。"(《论语注疏》下册,第2518页)又《微子》:"君子之仕也,行其义也。"(《论语注疏》下册,第2529页)
⑨ 《周易·乾文言》:"保合大和,乃利贞。"(《周易正义》上册,第14页)《国语·郑语》:"和实生物,同则不继……以它平它谓之和……合十数以训百体。"(上海古籍出版社1978年版,下册,第515—516页)
⑩ 《礼记·礼运》:"大道之行也,天下为公……是谓大同。"(《礼记正义》下册,第1414页)

提炼;①"精忠报国"(又作"尽忠报国")见于《周书·颜之仪传》与《宋史·岳飞传》;②"崇德"(又作"据德")出于《国语》《论语》;③"向善"(又作"继善")见于《周易》;④"见贤思齐"见于《论语》;⑤"孝悌忠信"见于《孟子》;⑥"礼义廉耻"见于《管子》;⑦"自强不息"见于《周易》;⑧"敬业乐群"见于《礼记·学记》;⑨"扶危济困"意蕴见于《尚书》《论语》;⑩"见义勇为"见于《论语》;⑪"孝老爱亲"见于《孝经》《孟子》。⑫

---

① 顾炎武《日知录》卷一三《正始》:"保国者,其君其臣,肉食者谋之;保天下者,匹夫之贱与有责焉耳矣。"(《续诸子集成》,影印清道光十四年嘉定黄氏西溪草堂刊本,四川人民出版社 1998 年版,第 18 册,第 378 页)

② 令狐德棻等《周书》卷四〇《宇文孝伯传》:"公等备受朝恩,当思尽忠报国。"(上海古籍出版社 1986 年版,第 3 册,第 2648 页上)《宋史》卷三六五《岳飞传》:"初命何铸鞫之,(岳)飞裂裳以背示铸,有'尽忠报国'四大字,深入肤理。"(中华书局 1985 年版,第 33 册,第 11393 页)

③ 《国语·晋语四》:"重耳敢有惰心? 敢不从德?"(上海古籍出版社 1978 年版,下册,第 360 页)《论语·颜渊》:"子张问崇德、辨惑。子曰:'主忠信,徙义,崇德也。'"(《论语注疏》下册,第 2503 页)又"樊迟从游于舞雩之下,曰:'敢问崇德、修慝、辨惑。'子曰:'善哉问! 先事后得,非崇德与?'"(《论语注疏》下册,第 2504 页)

④ 《周易·乾文言》:"元者善之长也。"又《系辞上》:"继之者善也,成之者性也。"(《周易正义》上册,第 78 页)

⑤ 《论语·里仁》:"子曰:'见贤思齐焉,见不贤而内自省也。'"(《论语注疏》下册,第 2471 页)

⑥ 《孟子·梁惠王上》:"壮者以暇日,修其孝悌忠信,入以事其父兄,出以事其长上。"(《孟子注疏》下册,第 2667 页)

⑦ 《管子·立政》卷一《首宪》:"凡孝弟忠信、贤良隽材,若在长家子弟、臣妾、属役、宾客,则什伍以复于游宗。"(颜昌峣:《管子校释》,岳麓书社 1996 年版,第 32 页)又《牧民·四维》:"国有四维,一维绝则倾,二维绝则危,三维绝则覆,四维绝则灭。倾可正也,危可安也,覆可起也,灭不可复错也。何谓四维? 一曰礼,二曰义,三曰廉,四曰耻。"(颜昌峣:《管子校释》,岳麓书社 1996 年版,第 3 页)又卷二一《立政九败解》:"然则礼义廉耻不立,人君无以自守也。"(颜昌峣:《管子校释》,岳麓书社 1996 年版,第 508 页)

⑧ 《周易·乾·大象》:"天行健,君子以自强不息。"(《周易正义》上册,第 14 页)

⑨ 《礼记·学记》:"一年视离经辨志,三年视敬业乐群。"(《礼记正义》下册,第 1521 页)

⑩ 《尚书·说命下》:"一夫不获,则曰:'时予之辜。'"(《尚书正义》上册,第 176 页)《礼记·礼运》:"矜寡孤独、废疾者,皆有所养。"(《礼记正义》下册,第 1414 页)《论语·雍也》:"子贡曰:'如有博施于民,而能济众,何如? 可谓仁乎?'子曰:'何事于仁,必也圣乎! 尧舜其犹病诸。'"(《论语注疏》下册,第 2479 页)

⑪ 《论语·为政》:"子曰:'见义不为,无勇也。'"(《论语注疏》下册,第 2463 页)

⑫ 《孝经》:"夫孝,德之本也,教之所由生也。""夫孝,始于事亲,中于事君,终于立身。""爱亲者不敢恶于人,敬亲者不敢慢于人。"(《孝经注疏》下册,第 2545 页)《孟子·梁惠王上》:"老吾老以及人之老,幼吾幼以及人之幼,天下可运于掌。"(《孟子注疏》下册,第 2670 页)

此外，"求同存异"见于《左传》《晏子春秋》的"和同"之辨；①"和而不同"见于《论语》；②"文以载道"是韩愈等人提出的创作理念；"以文化人"化用《周易》"人文化成"；③"形神兼备、情景交融"是用以形容王维、苏轼等人的艺术造诣的；"俭约自守"意蕴取于《周易》；④"中和泰和"亦出自《周易》。⑤

可见，《意见》提出的30余条中华优秀传统文化理念及其基本内涵，都是从儒家经典、道家经典以及史学、文学、子学等古文献中提炼出来的，其中除个别（"道法自然"等）见诸子史文献外，其余绝大多数出于儒家经典，其中又以出自《周易》《左传》《论语》《孟子》等文献最多。这无异于告诉我们，中华优秀传统文化的诸多精髓，其实就在经典（特别是儒家经典）之中；传承发展中华优秀传统文化，应当从传承和弘扬经典之学入手。

六、结　语

古今中外的历史事实证明，"经"是经久不易之书，"典"是神圣规范的大册。经典具有根源性、典范性和权威性，是经过历史淘汰优选出来的最有价值的特殊文献。它们曾对人类产生定型的、深远的、启迪性的

---

① 《左传·昭公二十年》："君臣亦然。君所谓可，而有否焉，臣献其否，以成其可。君所谓否，而有可焉，臣献其可，以去其否，是以政平而不干，民无争心。"（《春秋左传正义》卷四九，下册，第2093页）

② 《论语·子路》："子曰：'君子和而不同，小人同而不和。'"（《论语注释》下册，第2508页）

③ 《周易·贲卦·彖传》："观乎天文，以察时变；观乎人文，以化成天下。"（《周易正义》卷三，上册，第37页）

④ 《周易·否卦》六二："包承，小人吉，大人否。"明胡广《周易传义大全》卷四引中溪张氏（清）曰："六二以柔居柔，包藏阴谋，以承顺其上。当此之时，群小弹冠相庆，可谓小人吉矣。唯大人之德，以俭约自守，不求荣禄，身之否乃道之亨，故曰大人否亨。"

⑤ 按，《周易·乾文言》："保和大合。"又《坤文言》："君子黄中通理，正位居体，美在其中，而畅于四支，发于事业，美之至也。"与《中庸》"喜怒哀乐之未发谓之中，发而皆中节谓之和。中也者，天下之大本也。和也者，天下之达道也。致中和，天地位焉，万物育焉"，是一致的。

影响。

作为历史悠久、文化璀璨的中华民族，其所拥有的系统全面的古老经典（儒、释、道、医学经典），在漫长的历史长河中，培植了中华历史之根、华夏思想之源、民族信仰之魂。经典著作就是中华民族的根本、源头和魂魄所在。经典是特定民族和国家的历史承载，是特定文明的文化范式，具有源头活水、价值追求和精神家园的作用，体现了信仰体系、价值标准、知识体系和行为守则。

我们提倡文化自信，这些经典中的记忆是首先应该被唤醒的；我们提倡文化交流，中华经典的积极意义和普遍价值更应该得到充分的展示和宣传。比如，如果讲好中华经典中"天人合一""道法自然"等观念，就可以与国际范围内的"生态文明"建设很好接轨；讲好"和而不同""己所不欲，勿施于人"，就有助于消除国家间的对立、文明冲突和民族歧视；讲好"诗书礼乐"，就可以为构建文明社会、和谐世界提供范本；讲好何为"小康"社会，何为"大同"理想，就会为实现世界大同、人类和平贡献力量；讲好"孝悌忠信""爱老敬亲"，就会改善老龄化社会中的代际矛盾，并为漠视生命等现象提供警示。

对外交往中，经典可以成为我们经贸合作、对外援助、文明对话的价值标识，有助于我们改善观念，重树形象，文明外交。阅读经典的过程，就是中华文化自觉自信的过程；宣传经典的过程，就是中华文化走出去的过程。学习好经典，中华优秀传统文化的精髓就思过半矣；宣传好经典，中华优秀传统文化的世界价值就四海攸通了；传承好经典，中华优秀传统文化的弘扬与发展就尽在其中了。

是故，文化自信当从经学复兴开始，文化交流当从经典传播启航。

参考文献

1. 金景芳:《经学与史学》,《历史研究》1984 年第 1 期。

2. 柳诒徵:《中国文化史》,东方出版中心 1988 年版。

3. 范文澜:《中国经学史的演变》,《范文澜集》,中国社会科学出版社 2001 年版。

4. 李学勤:《谈经学与文献学的关系》,《河南师范大学学报》(哲学社会科学版)2005 年第 2 期。

5. 姜广辉、钟华:《经与经学》,《湖南大学学报》(社会科学版)2016 年第 1 期。

6. 舒大刚、廖名春、李景林、丁鼎、詹海云:《经典:中华文化的根魂源》,《孔学堂》2021 年第 1 期。

（责任编辑:霞绍晖）

春秋时期的《诗》学与《诗经》的经典化[*]

黄开国^{**}

摘要:《诗》是春秋时期最为流行也是被引用最多的文献,通过春秋时期人们对《诗》的引用,可以认识《诗经》形成的原因、《诗经》在春秋时期的状况、《诗经》是否原本有三千篇等相关问题。而春秋时期的以《诗》谏政、赋《诗》必合于礼、君子引《诗》中的义理作为推论的大前提,都表现出《诗》经典化的意义。

关键词:春秋时期 《诗经》 引用 经典化

在《左传》《国语》中,《诗经》被引用达 313 次,其中被《左传》引用 272 次,被《国语》引用 41 次。在这 313 次引用中,除去重复一遍的引用 36 次,重复两遍的引用 2 次,各不相同的引用实际为 273 次。通过春秋时期人们的引诗、赋诗,笔者不仅得到与《诗经》相关的诸多认识,还发现《诗经》已经具有经典化的特点。

---

* 本书系国家社科基金项目"春秋时期的文化转型研究"(17BZX006)的阶段性成果。
** 黄开国,四川师范大学哲学学院研究员、博士生导师,四川师范大学杰出教授,主要从事儒学、经学研究。

一、 从春秋引诗看《诗经》

从春秋时期 273 次的引《诗》、赋《诗》中可对春秋时期的《诗》得出如下大略认识：

第一，《诗》的形成出于天子为政的需要。统治者要进行有效的管理，必须了解社会各阶层的状况。诗歌是古人表达感情最通俗的方式，自古以来通过诗歌考察政治、民风、民俗就是统治者为政的重要内容。所以，在古代形成了官方采诗的制度，王通在《中说·问易》中称之为采风："诸侯不贡诗，天子不采风，乐官不达雅，国史不明变，呜呼！斯则久矣。《诗》可以不续乎！"①采风就是各级官员收集各地诗歌，并送报天子的制度。关于这一制度，春秋时期很多人都有论说，最有代表性的是邵公与范文子之说。

邵公曰："……故天子听政，使公卿至于列士献诗，瞽献曲，史献书，师箴，瞍赋，蒙诵，百工谏，庶人传语，近臣尽规，亲戚补察，瞽、史教诲，耆、艾修之，而后王斟酌焉，是以事行而不悖。"②

（赵文子冠）见范文子，文子曰："……吾闻古之王者，政德既成，又听于民，于是乎使工诵谏于朝，在列者献诗使勿兜，风听胪言于市，辨祆祥于谣，考百事于朝，问谤誉于路，有邪而正之，尽戒之术也。"③

诗歌送到朝廷，有瞽史等专职人员来整理。《国语·鲁语下》载，"昔正考

---

① ［隋］王通：《中说》，《百子全书》，浙江古籍出版社 1998 年版，上册，第 292 页。
② 上海师范大学古籍整理组校点：《国语·周语上》，上海古籍出版社 1978 年版，上册，第 9—10 页。
③ 上海师范大学古籍整理组校点：《国语·晋语六》，上海古籍出版社 1978 年版，下册，第 410 页。

父校商之名颂十二篇于周太师"①，荀子说"修宪命，审诗商，禁淫声，以时顺修，使夷俗邪音不敢乱雅，大师之事也"②，皆可为证。这说明诗同古代的社会生活、政治生活息息相关，诗本身是人在社会生活中某种情感的抒发，故有诗言志之说；而其结集成书则是为满足天子行政参考的政治需要，三百篇的《诗》皆源于此。

第二，《诗》在春秋时期已经有风、雅、颂之分。季札聘鲁，请观周乐，乐工先后为季札歌《周南》《召南》《邶》《鄘》《卫》《王》《郑》《齐》《豳》《秦》《魏》《唐》《陈》《桧》《小雅》《大雅》《颂》，涵盖了今本《诗经》的风、颂、雅。其风的部分只缺《曹风》。《国语·晋语四》载楚成王引《曹诗》，即为《曹风·候人》的文句。《左传》文公二年君子引《鲁颂》的诗句，为今本《鲁颂·閟宫》篇文句。《晋语四》宋国的公孙固引《商颂》的诗文，见今本《商颂·长发》篇；郑国的叔詹引《周颂》的文句，见今本《周颂·天作》篇。可见，十五国风、大雅、小雅、三颂的名称，在春秋时期已经全部出现。《诗经》风、颂、雅的分类在春秋时期已经确定。各诸侯国的诗歌被归为风，王畿地区内公卿大夫的诗歌被归为雅，在宗庙祭祀祖先的诗歌则归为颂。风雅颂的分类应该是由专职文化官进行的，这一分类在春秋时期已经流行。

第三，今本《诗经》收录四首春秋时期的诗。这四首分别是《硕人》《载驰》《清人》《黄鸟》。《硕人》，今存于《诗经·卫风》，为卫国人所作，时间约公元前720年。《左传》载："卫庄公娶于齐东宫得臣之妹，曰庄姜。美而无子，卫人所为赋《硕人》也。"③《载驰》，今存《诗经·鄘风》，为许穆夫人作，时间约公元前660年。《左传》载："许穆夫人赋《载驰》。"④

① 上海师范大学古籍整理组校点：《国语·鲁语下》，上海古籍出版社1978年版，上册，第216页。
② [唐]杨倞注：《荀子》卷五《王制篇》，《四部丛刊初编》本，上海书店出版社1989年版，第115页。
③ [清]阮元校刻：《春秋左传正义》，隐公三年，《十三经注疏》本，中华书局1980年版，下册，第1724页。（本书下文所引版本同，后文略去出版等信息）
④ 《春秋左传正义》，闵公二年，下册，第1788页。

许穆夫人为卫国人,她痛卫之亡,思归吊丧却不得,故作此诗以言志。《清人》,今存《诗经·郑风》,为郑国人所作,时间约公元前660年。《左传》载:"郑人恶高克,使帅师次于河上,久而弗召,师溃而归,高克奔陈。郑人为之赋《清人》。"①《黄鸟》,今存《诗经·秦风》,为秦人作,时间约公元前621年。《左传》:"秦伯任好卒,以子车氏之三子奄息、仲行、鍼虎为殉,皆秦之良也。国人哀之,为之赋《黄鸟》。"②这四首诗见于今本《诗经》,可以肯定今本《诗经》其下限在鲁文公六年即公元前621年之后。③

第四,除春秋时期四首诗有明确作者外,还有五首诗有明确作者。1. 周武王是《支》的作者。卫彪傒说:"芟、刘其不殁乎?周诗有之曰:'天之所支,不可坏也。其所坏,亦不可支也。'昔武王克殷,而作此诗也,以为饮歌,名之曰'支',以遗后之人,使永监焉。"④ 2.《时迈》为周公作。祭公谋父说:"不可。先王耀德不观兵。夫兵戢而时动,动则威,观则玩,玩则无震。是故周文公之《颂》曰:'载戢干戈,载櫜弓矢。我求懿德,肆于时夏,允王保之。'"⑤此文句出自《周颂·时迈》。3.《常棣》为周公作。富辰说:"周文公之《诗》曰:'兄弟阋于墙,外御其侮。'"⑥其文句出自《小雅·鹿鸣之什·常棣》。富辰又说:"召穆公思周德之不类,故纠合宗族于成周而作诗,曰:'常棣之华,鄂不韡韡,凡今之人,莫如兄弟。'其四章曰:'兄弟阋于墙,外御其侮。'"⑦召穆公为周厉王时人。在这两种

① 《春秋左传正义》,闵公二年,下册,第1788页。
② 《春秋左传正义》,文公六年,下册,第1844页。
③ 《左传》记载春秋时期所著的《诗》还有襄公四年(公元前569年)鲁人悲鲁国败于小邾而作的《朱儒诗》,但此诗未收入今本《诗经》。
④ 上海师范大学古籍整理组校点:《国语·周语下》,上海古籍出版社1978年版,上册,第145页。
⑤ 上海师范大学古籍整理组校点:《国语·周语上》,上海古籍出版社1978年版,上册,第1页。
⑥ 上海师范大学古籍整理组校点:《国语·周语中》,上海古籍出版社1978年版,上册,第45页。
⑦ 《春秋左传正义》,僖公二十四年,下册,第1817页。

说法中,后人多肯定《常棣》为周公作,如《十三经注疏》就有多次肯定《常棣》为周公作的记载。4. 周穆王时的祭公谋父著《祈招》。子革说:"昔穆王欲肆其心,周行天下,将皆必有车辙马迹焉。祭公谋父作《祈招》之诗,以止王心,王是以获没于祗宫。……其诗曰:'祈招之愔愔,式昭德音。思我王度,式如玉,式如金。形民之力,而无醉饱之心。'"①这四首诗都出于西周,其中两首是周公所作,时间是周武王到周穆王统治时期。

此外,文献中还提到孔子祖先正考父校商之名颂,闵马父说:"昔正考父校商之名颂十二篇于周太师,以《那》为首,其辑之乱曰:'自古在昔,先民有作。温恭朝夕,执事有恪。'先圣王之传恭,犹不敢专,称曰'自古',古曰'在昔',昔曰'先民'。"②现存《诗经·商颂》有诗 5 首,第一篇即为《那》,上述正考父所校四句诗文见于其中。可见这一记载是可信的,但惜其遗失 7 首。

第五,春秋时期有今本未见逸诗的文句与诗篇,共计 15 条。其中仅见所逸文句的有 9 条,分别是:1. 庄公二十二年,齐国公子陈完所引《诗》:"翘翘车乘,招我以弓,岂不欲往,畏我友朋。"③2. 成公九年,君子引《诗》:"虽有丝麻,无弃管蒯;虽有姬姜,无弃蕉萃;凡百君子,莫不代匮。"④3. 襄公四年,鲁国人悲鲁国败于小邾,而作《诗》:"臧之狐裘,败我于狐骀,我君小子,朱儒是使,朱儒朱儒,使我败于邾。"⑤4. 襄公五年,君子引《诗》:"周道挺挺,我心扃扃,讲事不令,集人来定。"⑥5. 襄公八年,郑国的子驷引《周诗》曰:"俟河之清,人寿几何?兆云询多,职竞作

---

① 《春秋左传正义》,昭公十二年,下册,第 2064 页。
② 上海师范大学古籍整理组校点:《国语·鲁语下》,上海古籍出版社 1978 年版,上册,第 216 页。
③ 《春秋左传正义》,庄公二十二年,下册,第 1774 页。
④ 《春秋左传正义》,成公九年,下册,第 1906 页。
⑤ 《春秋左传正义》,襄公四年,下册,第 1934 页。
⑥ 《春秋左传正义》,襄公五年,下册,第 1936 页。

罗。"①6. 襄公二十七年,君子引《诗》云:"何以恤我,我其收之。"②7. 昭公四年,郑子产所引《诗》曰:"礼义不衍,何恤于人言。"③8. 昭公二十六年,齐国晏子所引《诗》:"我无所监,夏后及商,用乱之故,民卒流亡。"④9.《国语·周语上》单穆公引《周诗》:"天之所支,不可坏也。其所坏,亦不可支也。"⑤所见逸诗篇名的有 4 条:僖公二十三年,晋国公子重耳赋《河水》⑥;襄公二十七年,齐国景子赋《辔之柔矣》;襄公二十八年,鲁乐师为庆封所颂《茅鸱》;昭公二十五年,宋元公赋《新宫》;《国语·鲁语下》,金奏《肆夏》《樊》《遏》《渠》。⑦ 既有逸诗文句又有篇名的有 1 条,见于昭公十二年,楚令尹子革引祭公谋父所作《祈招》:"祈招之愔愔,式昭德音。思我王度,式如玉,式如金。形民之力,而无醉饱之心。"⑧从这些逸诗文句、篇名可知,春秋时期流传的《诗经》篇目数量应该超过三百篇。

　　第六,春秋时期所见逸诗仅 15 条,其余近 300 次引、赋《诗》皆见于今本《诗经》,且文句绝大多数与今本《诗经》完全相同,一些相异也基本是文字通假之异。这说明今本《诗经》的许多诗篇在春秋时期已经确定。司马迁在《史记·孔子世家》说,古诗有 3000 多篇,孔子"去其重,取可施

---

① 《春秋左传正义》,襄公八年,下册,第 1939 页。
② 《春秋左传正义》,襄公二十七年,下册,第 1997 页。
③ 《春秋左传正义》,昭公四年,下册,第 2036 页。
④ 《春秋左传正义》,昭公二十六年,下册,第 2115 页。
⑤ 上海师范大学古籍整理组校点:《国语·周语下》,上海古籍出版社 1978 年版,上册,第 145 页。
⑥ 此条材料,杜预注以为是佚诗篇名。又见《国语·晋语四》,韦昭注则以为:"河,当作沔,字相似误也。"《沔水》为今本《诗经·小雅》中的一篇。依韦昭说不是佚诗。但是,河字与沔字差别较大,二字相误可能性不大。故不从韦昭之说。
⑦ 《春秋左传正义》指出还有两条佚诗诗文。一条见于宣公二年,为晋国赵盾所引之《诗》:"我之怀矣,自诒伊慼。"另一条见于襄公三十年,为君子所引《诗》:"淑慎尔止,无载尔伪。"今考《诗经》,赵盾所引诗文出自《邶风·雄雉》第一章,唯"慼"作"阻",而二字于古代可以通假。君子所引诗文,见于《大雅·抑》第八章,后一句作"不衍于仪",文字虽异但含义相同。因此,这两条不能算作佚诗。
⑧ 《春秋左传正义》,昭公十二年,下册,第 2064 页。

于礼义,上采契后稷,中述殷周之盛,至幽厉之缺"①,才定为300篇,这个说法不可信。3000篇与300篇的比例是10∶1,若此说可信,春秋时期引《诗》见于今本有近300条之多,则引用逸诗的数量应该为3000来条,不应只有15条之少。从春秋时期引《诗》见于今本的数量是逸诗的20倍来看,今本《诗经》已经包含春秋时期存《诗》的绝大部分,只有很少部分没有被纳入,春秋时期《诗》的数量绝没有3000篇之多。②

从春秋时期的引《诗》与今存《诗经》的篇目数量来看,司马迁的孔子删诗说是很难成立的。为了证明孔子删诗说,经学界有一个最重要的理由,这就是孔子删诗只是删除不合道德仁义的篇目,如《诗补传》说"圣人于删诗之际,第存其可以为后世法戒者"③;《诗本义》说,对"不可垂训"的诗篇,"圣人删诗必弃而不录也"④;《吕氏家塾读诗记》说,孔子"于郑声亟欲放之,岂有删诗示万世,反收郑声以备六艺乎?"⑤其实,孔子删诗这一说法难以成立,逸诗中有周武王所著的《支》,孔子删诗绝不可能不保留周武王之诗。此外,逸诗的"礼义不愆,何恤于人言""祈招之愔愔,式昭德音。思我王度,式如金,式如玉。形民之力,而无醉饱之心"等诗句,其内容都合乎道德仁义。

二、《诗》的经典化

魏源在《诗古微》中提出了一个很有见地的观点,这就是《诗》有作者之意,有采编者之意,有说《诗》者之意。作者之意无疑是《诗》的本意,而

---

① [汉]司马迁:《史记·孔子世家》,中华书局1982年版,第1936页。
② 关于这个问题,可参见拙文:《左传与诗经》,《孔孟学报》1994年第67期。
③ [宋]范处义:《诗补传》卷二,文渊阁《四库全书》,台湾商务印书馆1986年版,第72册,第44页。
④ [宋]欧阳修:《诗本义》卷八,文渊阁《四库全书》,台湾商务印书馆1986年版,第70册,第240页。
⑤ [宋]吕祖谦:《吕氏家塾读诗记》卷五,文渊阁《四库全书》,台湾商务印书馆1986年版,第73册,第390页。

说《诗》者之意则是对文本的诠释。经学经典的形成，固然与作者本意有关，在一定程度上还与人们的诠释密不可分。譬如《周易》，没有春秋时期对其筮占的人文理性诠释，灌注伦理政治的价值理想、人生关怀理念，并形成以人文精神解《易》的十翼，《周易》绝不可能成为经学元典，更不会有五经之首的崇高地位。也正是通过春秋时期对礼的诠释，形成重视礼义、关注礼节及礼仪背后的人文精神，才会有战国时期三礼的成书，礼学经典才得以形成。《诗经》的经典化，也正是通过春秋时期人们对《诗》从人生意义、人生价值、人生追求等方面的引用解说，使《诗》带有政治、伦理、人生一般意义，具有指引人生、完善人格、培养成人的价值。

春秋时期《诗经》的经典化，表现在三个方面：

其一，以诗谏政。

西汉今文经学讲经世致用，于《诗经》有"以诗谏政"一说。所谓以诗谏政，是通过《诗经》来讽谏、引导君主或有权势者，使其为政能够合于礼义。这是《诗经》作为经学经典的重要职能，也是《诗经》成为经典的标识。在西汉经学时代，没有经典地位的著作绝不可以具有教诫意义的社会作用。而以诗谏政的情况，至少在春秋初年就已经出现：

> 昔卫武公年数九十有五矣，犹箴儆于国，曰："自卿以下至于师长士，苟在朝者，无谓我老耄而舍我，必恭恪于朝，朝夕以交戒我；闻一二之言，必诵志而纳之，以训导我。"在舆有旅贲之规，位宁有官师之典，倚几有诵训之谏，居寝有亵御之箴，临事有瞽史之导，宴居有师工之诵。史不失书，矇不失诵，以训御之。①

根据诗言志，"诵"与"颂"通，从颂是赋诗的形式来看，这段话中的诵志纳

---

① 上海师范大学古籍整理组校点：《国语·楚语上》，上海古籍出版社 1978 年版，下册，第551 页。

之、诵训之谏、师工之诵、蒙不失诵，应该都与《诗》有关，都是以诗谏政的说明。尽管当时还没有周天子将《诗经》定为全天下的法典之事，如汉武帝之设立五经博士，但卫武公作为诸侯国的国君，他这一政令至少在卫国是具有法定意义的。所以，在春秋初期的卫国，《诗经》实际上已经取得了法定的经典地位，并用于以诗谏政。

整个春秋时期，以诗谏政并非个别现象，而是普遍的社会风尚，不仅在中原各国盛行，甚至在楚国也很流行：

> 析父谓子革："吾子，楚国之望也。今与王言如响，国其若之何？"子革曰："摩厉以须，王出，吾刃将斩矣。"王出，复语。左史倚相趋过。王曰："是良史也，子善视之。是能读《三坟》《五典》《八索》《九丘》。"对曰："臣尝问焉，昔穆王欲肆其心，周行天下，将皆必有车辙马迹焉。祭公谋父作《祈招》之诗以止王心，王是以获没于祗宫。臣问其诗而不知也。若问远焉，其焉能知之？"王曰："子能乎？"对曰："能。其诗曰：'祈招之愔愔，式昭德音。思我王度，式如玉，式如金。形民之力，而无醉饱之心。'"王揖而入，馈不食，寝不寐，数日，不能自克，以及于难。①

楚灵王以为能读所谓《三坟》《五典》《八索》《九丘》就是良史，而子革却以为良史不仅应该熟知历史典籍，而且应该熟悉周代的文献，尤其要懂得这些典籍的政治、社会意义，并予以正确的运用。这里已经有了后来今文经学所强调的经世致用观念。子革利用《诗》讽谏楚灵王，希望他要爱惜民力，可以说是历史上最早善于利用《诗经》讽谏人君的代表人物。经世致用与以诗谏政的传统由此可见。

以诗谏政有两种表现：一是通过《诗》中歌颂文王等圣贤的诗句，来

---

① 《春秋左传正义》，昭公十二年，下册，第2064页。

正面引导君王、执政者的为政。如狄人伐邢，管仲引"岂不怀归，畏此简书"①，以文王亲昵诸夏，引导齐侯救邢讨狄，维护华夏的统一。郤成子引"文王既勤止"②，说明德行高尚的文王尚且勤勤恳恳，德行寡少的为政者就更应该勤奋努力，以此劝谏晋国大夫勤勉为政。士芴引"怀德惟宁，宗子惟城"③，说明人君应该"修德而固宗子"，而不应该只关心修城筑墙。宋人围曹，子鱼引"刑于寡妻，至于兄弟，以御于家邦"④，规劝宋公首要应该修德，而不是无德伐人。子产反对范宣子重币，引"乐只君子，邦家之基""上帝临女，无贰尔心"⑤，说明为政应该重德，而不在重币。羊舌职引"战战兢兢，如临深渊，如履薄冰"⑥，说明只有"善人在上"，才能"国无幸民"，称赞并引导晋侯任用贤人。

二是借《诗》来批判君王、执政者的失误。如穆叔引"退食自公，委蛇委蛇"⑦，批评卫国孙文子与鲁侯步调平行，不懂君臣尊卑之礼。裨谌引《诗》"君子屡盟，乱是用长"⑧，批评郑国大夫相互间的不守盟约。蔡国的声子引《商颂》"不僭不滥，不敢怠皇，命于下国，封建厥福"⑨，说明汤所以获天之福，在于能够劝赏而畏刑、恤民不倦，以此来批判楚国的滥刑。晋侯修筑虒祁之宫，魏榆发生石头说话的怪事，师旷引"哀哉不能言，匪舌是出，唯躬是瘁。哿矣能言，巧言如流，俾躬处休"⑩，批判晋侯不爱惜民力，不珍视民生而劳民伤财。鲁国筑郎囿，季平子在亳社祭祀用人，臧武仲引"德音孔昭，视民不恌"⑪，批评季平子是无义的"恌之甚"，

---

① 《春秋左传正义》，闵公元年，下册，第 1786 页。
② 《春秋左传正义》，宣公十一年，下册，第 1876 页。
③ 《春秋左传正义》，僖公五年，下册，第 1794 页。
④ 《春秋左传正义》，僖公十九年，下册，第 1810 页。
⑤ 《春秋左传正义》，襄公二十四年，下册，第 1979 页。
⑥ 《春秋左传正义》，宣公十六年，下册，第 1888 页。
⑦ 《春秋左传正义》，襄公七年，下册，第 1938 页。
⑧ 《春秋左传正义》，襄公二十九年，下册，第 2009 页。
⑨ 《春秋左传正义》，襄公二十六年，下册，第 1991 页。
⑩ 《春秋左传正义》，昭公八年，下册，第 2052 页。
⑪ 《春秋左传正义》，昭公十年，下册，第 2059 页。

并说周公不会接受鲁国无义的祭祀。郑人铸刑书，叔向致子产书，引"仪式刑文王之德，日靖四方""仪刑文王，万邦作孚"①，用文王以德治民之例来批评郑国铸刑书是抛弃礼义，有害无益。

面对臣下的劝诫或批评，君王与执政者常常是两种截然不同的态度，或乐于接受，或坚持不改。不同的态度常常导致不同的结果。凡是接受批评的都会给国家带来利益。如管仲引诗劝诫齐桓公，齐桓公能接受，也能信任管仲，因而成为春秋时期最著名的霸主；臼季引"采葑采菲，无以下体"②，以冀缺夫妻相敬如宾，劝晋文公任用冀缺，被晋文公采纳。冀缺后来不仅成为晋国上卿，而且是春秋时期著名的政治家。相反，若不听劝诫，拒绝批评，常常会落得个身败名裂、国破家亡的悲惨结局。如臧文仲引"战战兢兢，如临深渊，如履薄冰""敬之敬之！天惟显思，命不易哉"③，说明明德的先王还不忘恭敬克惧，规劝鲁僖公不能掉以轻心；鲁僖公不听，结果大败于弱小的邾国。赵盾引"靡不有初，鲜克有终"④劝谏晋灵公改恶从善，晋灵公不听劝诫，结果被赵穿杀害；季文子引"畏天之威，于时保之"⑤批评齐侯不畏于天的无礼，齐侯不以为然，结果被齐人弑杀；季文子引"敬之敬之！天惟显思，命不易哉"⑥批评晋侯不敬，晋侯十年后陷厕而死；宁惠子引"兕觥其觩，旨酒思柔，彼交匪傲，万福来求"⑦，批评苦成叔态度傲慢，后果然发生晋杀其大夫郤锜、郤犨、郤至的事件；叔游引《诗》"民之多辟，无自立辟"⑧，劝诫祁盈，祁盈不听劝阻，结果导致祁氏、羊舌氏两个家族被灭。

引《诗》用作规劝或批评，往往采用断章取义的手法，引《诗》者常常

① 《春秋左传正义》，昭公六年，下册，第 2044 页。
② 《春秋左传正义》，僖公三十三年，下册，第 1834 页。
③ 《春秋左传正义》，僖公二十二年，下册，第 1813 页。
④ 《春秋左传正义》，文公十八年，下册，第 1867 页。
⑤ 《春秋左传正义》，文公十五年，下册，第 1856 页。
⑥ 《春秋左传正义》，成公四年，下册，第 1901 页。
⑦ 《春秋左传正义》，成公十四年，下册，第 1913 页。
⑧ 《春秋左传正义》，昭公二十八年，下册，第 2118 页。

可以根据自己论说的需要，灵活地引用某一诗句，其运用可用《诗》的本义，亦可用其引申义。如襄公八年，郑子驷引《诗》"谋夫孔多，是用不集；发言盈庭，谁敢执其咎"①，来说明谋议多歧，就会令人不知所从；郑太子忽辞齐侯，欲以文姜为妻，并引"自求多福"②，说明齐大郑小，不相匹配，郑国之福"在我而已"；韩简引"下民之孽，匪降自天，僔沓背憎，职竞由人"③，说明造成人民灾难的是人不是天，其根源是人君的失德，而不是没有遵循卜筮的预告；等等。这些都是据《诗》的本义为说。而北宫文子引"谁能执热，逝不以濯"④，以喻礼对政治的作用如濯以救热，则是引申为说；晋侯引"彼日而食，于何不臧"⑤，士文伯以"不善政"来解释；子大叔引"瓶之罄矣，惟罍之耻"⑥，以王室不宁为晋国之耻；等等。这都是引申为说。相对而言，在断章取义用法中，引申为说具有较大的灵活性。同一诗句，不同人皆可引用，在引用时又可以做出不同的理解，如"战战兢兢，如临深渊，如履薄冰"，羊舌职引用以说明"善人在上"，臧文仲却引来论说国无论大小，都应该对外有所防备，才可以有备无患。

春秋时期以诗谏政的引诗，常常起到用以说明某一事理的理论依据的作用。如晋侯赐魏绛金乐，魏绛引"乐旨君子，殿天子之邦。乐旨君子，福禄攸同。便蕃左右，亦是帅从"⑦，说明君子之乐必以德、义、礼、信、仁之行实现。北宫文子引《卫诗》"威仪棣棣，不可选也"⑧，说明君臣、上下、父子、兄弟、内外、大小皆有威仪；引《周诗》"朋友攸摄，摄以威仪"⑨，言朋友之道，必以威仪相教训。祭公谋父引"载戢干戈，载櫜弓矢。我求

① 《春秋左传正义》，襄公八年，下册，第1939页。
② 《春秋左传正义》，桓公六年，下册，第1750页。
③ 《春秋左传正义》，僖公十五年，下册，第1807页。
④ 《春秋左传正义》，襄公三十一年，下册，第2015页。
⑤ 《春秋左传正义》，昭公七年，下册，第2048页。
⑥ 《春秋左传正义》，昭公二十四年，下册，第2106页。
⑦ 《春秋左传正义》，襄公十一年，下册，第1951页。
⑧ 《春秋左传正义》，襄公三十一年，下册，第2016页。
⑨ 《春秋左传正义》，襄公三十一年，下册，第2016页。

懿德,肆于时夏,允王保之"①,说明先王为政以德不以兵,即"先王之于民也,懋正其德而厚其性,阜其财求而利其器用,明利害之乡,以文修之,使务利而避害,怀德而畏威,故能保世以滋大"②。芮良夫引《颂》"思文后稷,克配彼天。立我烝民,莫匪尔极"与《大雅》"陈锡载周"③,说明只有布利于民,才能够国泰民安。卫彪傒引《周诗》"天之所支,不可坏也。其所坏,亦不可支也"④,以饫为礼之立成者,强调礼对教诫民众的重要性。可以说,所有以诗谏政的背后都包含有以礼、德为依据的教诫意义,这实际上已经将《诗经》作为评价人事价值的根据,而这正是经典的意义所在。

其二,赋诗必合于礼。

《诗》的经典化,不仅表现在以诗谏政,还体现在赋诗一定要合礼的社会共识上。礼是春秋时期最重要的社会规范,同时也是具有最高价值意义的范畴。赋诗合礼是礼的价值意义的重要体现。春秋时期赋诗不同于引诗,赋诗用于国与国之间或卿大夫之间的礼聘会盟等正式场合,且相互之间的赋《诗》应答都有严格的礼的规范与要求。因此,赋《诗》多由专职的文化官来施行,如季札聘鲁观礼,所奏诗乐就由专职乐官来施行。而出使的官员也必须具备相应的诗乐知识,才能正确做出应对。如:

> 穆叔如晋,报知武子之聘也。晋侯享之,金奏《肆夏》之三,不拜。工歌《文王》之三,又不拜。歌《鹿鸣》之三,三拜。韩献子使

---

① 《春秋左传正义》,宣公十二年,下册,第1882页。
② 上海师范大学古籍整理组校点:《国语·周语上》,上海古籍出版社1978年版,上册,第1页。
③ 上海师范大学古籍整理组校点:《国语·周语上》,上海古籍出版社1978年版,上册,第13页。
④ 上海师范大学古籍整理组校点:《国语·周语下》,上海古籍出版社1978年版,上册,第145页。

行人子员问之,曰:"子以君命辱于敝邑,先君之礼,借之以乐,以辱吾子。吾子舍其大,而重拜其细,敢问何礼也?"对曰:"《三夏》,天子所以享元侯也,使臣弗敢与闻。《文王》,两君相见之乐也,使臣不敢及。《鹿鸣》,君所以嘉寡君也,敢不拜嘉?《四牡》,君所以劳使臣也,敢不重拜?《皇皇者华》,君教使臣曰:'必谘于周。'臣闻之:'访问于善为咨,咨亲为询,咨礼为度,咨事为诹,咨难为谋。'臣获五善,敢不重拜。"①

叔孙穆子对乐官所奏之诗乐的应答,有拜,有不拜,拜的次数也有多少的不同,这背后都有一定的礼数规定,稍有差错,就会有违礼之失。从这一记载中也可以看出,无论是赋诗者,还是应对者在礼聘会盟时的赋诗应答,都必须合于礼的规定。合于礼,就会受到知礼的肯定,取得礼聘会盟的成功:

晋范宣子来聘,且拜公之辱,告将用师于郑。公享之,宣子赋《摽有梅》。季武子曰:"谁敢哉!今譬于草木,寡君在君,君之臭味也。欢以承命,何时之有?"武子赋《角弓》。宾将出,武子赋《彤弓》。宣子曰:"城濮之役,我先君文公献功于衡雍,受彤弓于襄王,以为子孙藏。匄也,先君守官之嗣也,敢不承命?"君子以为知礼。②

而礼聘会盟的成功,往往关系到一个国家的政治外交,乃至生死存亡。相反,若是赋《诗》不合于礼的要求,礼聘会盟就不会成功,不仅赋诗者会受到不知礼的批评,还会给国家带来灾祸,如齐高厚的赋《诗》不类,引发

---

① 《春秋左传正义》,襄公四年,下册,第1931—1932页。
② 《春秋左传正义》,襄公八年,下册,第1940页。

诸侯'同讨不庭',结盟针对齐国,使齐国陷入被动。

在各国礼聘会盟的赋《诗》与应对中,可以看到两类不同的人。一类是不学无术的卿大夫,他们对别人的赋《诗》,往往不知所云,丢人现眼,而遭到人们的轻蔑。其中最为典型的人物莫过于齐国的大夫庆封。《左传》载,"齐庆封来聘……叔孙与庆封食,不敬,为赋《相鼠》,亦不知"①。齐国发生内乱,庆氏被诛多人,庆封逃到鲁国,"叔孙穆子食庆封,庆封汜祭,穆子不说,使工为之诵《茅鸱》,亦不知"②。《相鼠》是讥刺没有礼仪的人,《茅鸱》是讥刺客人不敬之诗,庆封听了都浑然不知,其不学无术无以复加。

另一类是有深厚文化修养的卿大夫,他们对他人的赋《诗》总能够作出正确的回应。前面提到的叔孙穆子是一个典型,另外,还有卫宁武子诸人。《左传》载:

> 卫宁武子来聘,公与之宴,为赋《湛露》及《彤弓》。不辞,又不答赋。使行人私焉。对曰:"臣以为肆业及之也。昔诸侯朝正于王,王宴乐之,于是乎赋《湛露》,则天子当阳,诸侯用命也。诸侯敌王所忾,而献其功,王于是乎赐之彤弓一,彤矢百……以觉报宴。今陪臣来继旧好,君辱贶之,其敢干大礼以自取戾?"③

卫宁武子是卫国一位有名的贤大夫,鲁文公故意让乐工赋《彤弓》与《湛露》。这使卫宁武子处于两难的境地,如果明言乐工所赋之《诗》不当,则有伤鲁国的体面;如果作答,又有僭越非礼之嫌。所以,他只好佯装不知,既不回答,也不辞谢。故孔子称赞他说:"其知可及也,其愚不可及

---

① 《春秋左传正义》,襄公二十七年,下册,第 1994 页。
② 《春秋左传正义》,襄公二十八年,下册,第 2000 页。
③ 《春秋左传正义》,文公四年,下册,第 1840—1841 页。

也。"①卫宁武子不愧是一位大智若愚的贤大夫。此外,《左传》襄公二十年载季武子入宋会盟,昭公元年赵孟入郑礼聘,昭公二年韩宣子来鲁礼聘,都受到主人赋《诗》的过分礼遇,由于他们都是知礼明《诗》的贤大夫,所以都以"某不堪也"予以谦让,表示不敢当。难怪孔子说:"诵《诗》三百,授之以政,不达;使于四方,不能专对,虽多,亦奚以为?"②

赋《诗》及其应对是否合礼,不仅反映出赋《诗》者、应对者的文化修养,而且成为预言其吉凶祸福的根据。春秋时期人们往往根据赋《诗》及其应对,来预占一个人的吉凶祸福,构成春秋时期预占的一大内容。如:

> 令尹享赵孟,赋《大明》之首章。赵孟赋《小宛》之二章。事毕,赵孟谓叔向曰:"令尹自以为王矣,何如?"对曰:"王弱,令尹强,其可哉!虽可,不终。"赵孟曰:"何故?"对曰:"强以克弱而安之,强不义也。不义而强,其毙必速。《诗》曰:'赫赫宗周,褒姒灭之。'强不义也。令尹为王,必求诸侯。晋少懦矣,诸侯将往。若获诸侯,其虐滋甚,民弗堪也,将何以终?夫以强取,不义而克,必以为道。道以淫虐,弗可久已矣!"③

令尹虽为执政,但也是人臣,而赋《诗》却以君王自居,这是赋《诗》言志不合于礼的表现,所以,他被预言有不可能长久之灾。又如,"公如晋,晋侯见公不敬。季文子曰:'晋侯必不免。《诗》曰:敬之敬之!天惟显思,命不易哉。夫晋侯之命,在诸侯矣,可不敬乎?'"④相反,单靖公享叔向,赋《昊天有成命》,体现了单子"俭敬让咨"的品德,合于礼的要求,因而被叔

---

① [魏]何晏:《论语注疏》,文渊阁《四库全书》,台湾商务印书馆1986年版,第195册,第574页。
② [魏]何晏:《论语注疏》,文渊阁《四库全书》,台湾商务印书馆1986年版,第195册,第646页。
③《春秋左传正义》,昭公元年,下册,第2021页。
④《春秋左传正义》,成公四年,下册,第1901页。

向预言"单若不兴,子孙必蕃,后世不忘"①。楚国的蓮罢出使晋国,"晋侯享之,将出,赋《既醉》",因其赋《诗》合礼,而被叔向预言:"蓮氏之有后于楚国也,宜哉! 承君命,不忘敏,子荡将知政矣。敏以事君,必能养民,政其焉往。"②郑国的六位卿大夫为晋国的韩宣子饯行时,韩宣子请六位卿大夫各自赋《诗》,"以知郑志",并根据各自所赋之《诗》评论说:"郑其庶乎? 二三君子,以君命贶起,赋不出郑志,皆昵燕好也。二三君子,数世之主也,可以无惧矣。"③这类记载在《左传》《国语》中还有不少,但都是以赋《诗》合礼为吉,反之为凶。这种以赋《诗》合不合礼来判定吉凶的预占,是将礼作为人生祸福存亡的根据,是对礼的价值意义的肯定。《诗》与礼这种关系表明,《诗》与礼具有同一的价值意义。而礼在春秋时期已经被认为具有约束性典范的地位。《诗》、礼的联用,可以说是《诗》的经典化的重要体现。

其三,君子引《诗》的方式。

《诗》的经典化还在于"君子曰"的引《诗》方式。君子是谁,在历史上与当下,各有异说,但可以肯定,君子非指一人,而是一个通称概念,是对一类人的通称。从春秋时期的文献看,君子常常是用来指称统治阶层中有道德的人,这在关于君子与小人的对立之说中体现得最为明白,如曹刿说:"君子务治而小人务力。"④公父文伯之母曰:"君子劳心,小人劳力,先王之训也。"⑤君子是统治阶层,不用参加农业生产等体力劳动,故春秋时期人们总是从劳心、劳力来区分君子与小人。但引用《诗》文句来评价人事的君子,其外延更小,只是指统治阶层中部分有文化修养的人,

① 上海师范大学古籍整理组校点:《国语·周语下》,上海古籍出版社 1978 年版,上册,第116 页。
② 《春秋左传正义》,襄公二十七年,下册,第 1998 页。
③ 《春秋左传正义》,昭公十六年,下册,第 2080 页。
④ 上海师范大学古籍整理组校点:《国语·鲁语上》,上海古籍出版社 1978 年版,上册,第151 页。
⑤ 上海师范大学古籍整理组校点:《国语·鲁语下》,上海古籍出版社 1978 年版,上册,第208 页。

这是一个以传承发扬周公重德文化精神为己任的社会团体,也是春秋时期最有社会影响力的政治文化团体。春秋时期许多著名的政治家、思想家,如单襄公、富辰、史伯、太史过、祭公谋父、芮良夫、叔孙穆子、管仲、子产、叔向、晏子、子大叔、北宫文子、沈尹戌、卫彪傒等人,都是君子的代表。除了这些被历史记载的名人,还有一些未被记录姓名的人,就只能以君子来称呼。此外,还有许多君子对同一人事认识相同,在记载他们引《诗》以评价是非得失时,一一书其名,显得烦琐,用君子一言蔽之,是最好的表述方式。所以,《左传》《国语》出现以"君子"名义引《诗》来评价是非得失的记载达 60 余条之多。

这 60 余条君子引《诗》评价人事是非得失,与有名有姓的君子一样,都是以阐发周公的文化精神为根本,带有肯定道德教诫、政治法则的意义。如:

> 君子曰:"……晋国以平,数世赖之,刑善也夫。一人刑善,百姓休和。……其诗曰:'仪刑文王,万邦作孚。'言刑善也。"①
>
> 夏,齐姜薨。初,穆姜使择美槚,以自为椟与颂琴。季文子取以葬。君子曰:"非礼也。礼无所逆。妇,养姑者也。亏姑以成妇,逆莫大焉。《诗》曰:'其惟哲人,告之话言,顺德之行。'季孙于是为不哲也。"②

这是君子引《诗》来赞扬晋国的刑善,批评季孙氏的自作聪明。君子引《诗》评价是非,最典型的语式是在引《诗》时,断以"其是之谓乎(或'矣')":

---

① 《春秋左传正义》,襄公十三年,下册,第 1954 页。
② 《春秋左传正义》,襄公二年,下册,第 1929 页。

君子曰："颍考叔纯孝也，爱其母，施及庄公。《诗》曰：'孝子不匮，永锡尔类。'其是之谓乎！"①

君子曰："宋宣公可谓知人矣。立穆公，其子飨之，命以义夫。《商颂》曰：'殷受命咸宜，百禄是荷。'其是之谓乎！"②

君子曰："位其不可不慎也乎！蔡、许之君，一失其位，不得列于诸侯，况其下乎？《诗》曰：'不解于位，民之攸塈。'其是之谓矣。"③

君子曰："《志》所谓'多行无礼，必自及也'，其是之谓乎！"④

君子曰："仁人之言，其利博哉。晏子一言，而齐侯省刑。《诗》曰：'君子如祉，乱庶遄已。'其是之谓乎！"⑤

君子曰："礼，其人之急也乎！伯石之汰也，一为礼于晋，犹荷其禄，况以礼终始乎？《诗》曰：'人而无礼，胡不遄死？'其是之谓乎！"⑥

这一语式，包含三个部分，一是人事，二是关乎政治道德伦常的价值法则，三是联系所引《诗》文而下的断语，认定其所言人事合于或违反了这一法则。如第五条，借晏子以"踊贵屦贱"答齐侯之问，齐侯因晏子之言而实行轻刑，说明仁人之言对止乱的作用，而以"君子如祉，乱庶遄已"的诗文来肯定晏子之言对止乱的重大意义；第三条，以蔡国、许国君主失位，而不得列于诸侯的事例，说明君主在位一定要勤政爱民的法则，而以"不解于位，民之攸塈"的诗文来批评蔡国、许国君主违背了这一法则。这样就将《诗》一方面与一定的道德政治法则相联系，另一方面又与某一

---

① 《春秋左传正义》，隐公元年，下册，第 1717 页。
② 《春秋左传正义》，隐公三年，下册，第 1723 页。
③ 《春秋左传正义》，成公二年，下册，第 1897 页。
④ 《春秋左传正义》，襄公四年，下册，第 1932 页。
⑤ 《春秋左传正义》，昭公三年，下册，第 2031 页。
⑥ 《春秋左传正义》，昭公三年，下册，第 2032 页。

具体人事相联系,《诗》具有了评价人事得失、是非,指导人的践行的典范意义。这是春秋时期《诗》被经典化的另一重要体现。

参考文献

1. 蒋立甫:《略说司马迁与〈诗经〉研究》,《人文杂志》1994 年第 6 期。

2. 李冬梅:《综论二十世纪以来的宋代〈诗经〉学研究》,《宋代文化研究》第 18 辑,四川文艺出版社 2010 年版。

3. 汪璐:《历代图说〈诗经〉文献概况》,《儒藏论坛》第 6 辑,四川文艺出版社 2012 年版。

4. 李辉:《〈诗经〉章次异次考论》,《文学遗产》2021 年第 6 期。

（责任编辑:张尚英）

"四书"系统在儒家经典中的意义

景海峰[*]

景海峰[*]

摘要:在儒家经典系统中,"六经"体系之外,当数"四书"集群最为重要。"六经"是三代文明的遗典,经孔子整理后,成为先秦儒学的基本典籍。伴随着对"六经"文献的编纂、诠释和传衍,最早的解释性著作得以形成,这便是传、记等体式的书。"四书"就是解释和发挥"六经"思想义理最为直接、最具有典范性的传、记之著,经后人的不断阐扬,特别是经过朱子的精心编排之后,一跃成为儒家经典中足以和"六经"体系相比肩的另外一个系统。"四书"的经典化和体系化经历了复杂的过程,是儒学发展史上具有里程碑意义的大事,如果没有这个新系统的构筑,我们很难想象有所谓"新儒学"的出现或者有"儒学第二期的发展"。正是有了以"四书"为中心的新经典形态,才得以为宋代之后的儒学新发展奠定了坚实的理论基础。从诠释学的意义来看,"四书"体系的建构不只是文本的简单挪动和组合,而是思想内涵的调整与重铸,除了结构上的精心编排之外,在义理的内在逻辑上也有创造性的变革。这包括了儒学的道统和谱系、思想脉络的承接、新时代问题的发掘,以及儒家思想的系统性和连续

---

* 景海峰,深圳大学国学院院长、哲学系教授、博士生导师,主要从事中国哲学史和儒学研究。

性等,而这些恰恰是宋明新儒学的核心内容所在。

关键词:四书与五经　经与传　经典诠释　四书学　宋明理学

儒家经典向来是复数,而不是单数,它是由多部书组合而成的一组典籍,是一个集丛,这和世界其他各大文明的根本圣典之形制很不一样。儒家经典是在历史上累积形成的,其有一个逐渐成形的过程,并且经历了长久的演变和发展,并非一次完成的。战国时代的儒家经典是"六经",秦汉以后实存"五经",自宋以后又逐渐定型为"十三经"。从"五经"到"十三经"构成了儒学诠释发展的一条主线。由《诗》、《书》、《礼》、《易》、《春秋》到《周易》、《尚书》、《毛诗》、"三礼"、"三传"、《论语》、《孝经》、《尔雅》、《孟子》,这不仅是数量上的增加和结构方面的改变,而且也包含了大量的经典解释方面的内容,可以说是由一条主线连带起一个思想诠释的网络。在"五经"扩容的过程中,接纳了相当一部分战国至西汉时期才出现的文献,而这些典籍的思想内容基本上是在解释或者发挥"六经",其在诠释的层级上明显地与母本拉开了距离。如果说"六经"是三代文明的遗产,在经过整理和编排之后,成为诸子时代儒家学派的经典;那么相当多的补入文献,则是以百家争鸣作为背景,对"六经"做进一步阐释和发挥之后所得到的成果。所以,后出之儒学经典都是解释"六经"的,也是创造性地发展儒家思想的,它们更能够体现春秋战国以来的时代特色和问题意识。这些典籍的加入,慢慢地形成了一条副线,表现出与"六经"系统明显不同的时代色彩,是所谓"轴心期"思想文化的凝聚物。这条副线在经过了长时间的潜运默变之后,到了宋代才慢慢地呈现出某种主体色彩并得到发扬光大,成为和传统的六经体系比肩的另外一大阵地,这便是四书系统。在整个经学史上,除了"六经"之外,儒家最为重要的经典群组当属"四书"。在汉以后成熟的经学形态下,"六经"与"四书"构成了儒学经典的两大阵地,分别代表和象征了儒家经典诠释史的两个时期:汉唐经学与宋明理学。从总体上来说,前期的经学史以"六经"(五经)为中心,而后期的经典诠释则以"四书"作为重点。

一、"四书"与"五经"

"四书"在宋代以后加入到了"经"的行列,是儒家"十三经"里面的重要内容,只不过其原有的身份并不属于经,而是传、记。《论语》主要为孔门弟子的记言,《孟子》为孟子师徒共著,《大学》《中庸》是《礼记》中的两篇,为七十子后学的作品。这部分文献大多产生于战国之时,且入经较晚,在汉唐经学中属于比较边缘的内容,完全不能和"五经"的主线地位相提并论。所以,"四书"是属于后出的文献,是儒家经典阵容之中的后起之秀,可以说是"十三经"里面的第二代经典。与"五经"的漫长生成史相比,"四书"材料的聚集时间要短得多。如果说"五经"的源头宛如闪烁的星海,恍惚难辨;那"四书"的脉流便像七星斗柄,粲然若炬。"五经"文献因为积攒的历史长、来源广、背景复杂,尽管经过了春秋战国时代儒家人物的精心挑选、有目的之整理与编排,但仍然保留了不少原始的色彩和原料的痕迹,所以具有原初性和质朴性的特点。而"四书"则是在诸子百家兴起的大背景下,儒家一方面要着力发掘与诠释古典的资源,另一方面又要有针对性地解决周礼崩坏之后的新的时代问题,需要建立起一套不同于以往的解释系统,所以它的思想创造性和逻辑自洽性就表现得十分鲜明。从历史根源性和经典起源的本义来讲,"五经"大多是由口传然后到书写,具有自发自然的色彩,后人只是收集和归纳之,故谓"述而不作"。而"四书"却是有所本的,是有目的、有针对性地"接着讲",是一个思想系统的创制过程。

就经典的来源和历史背景而言,"四书"明显不同于"五经",所以其经的身份能否成立,或者其地位能否与六经相提并论,便一直是一个争论不休的话题。虽然元代以后,随着科举制对四书地位的加强,明代《四书大全》的纂修,以及《十三经注疏》的刊刻与普及,"四书""经"的地位已经殆无异议了,但"四书"与"五经"的差别却是始终存在的,并且作为一种疑虑总是萦绕在一些学人的心头。章学诚(1738—1801)《经解》谓:

> 后世著录之家,因文字之繁多,不尽关于纲纪,于是取先圣之微言,与群经之羽翼,皆称为经。如《论语》《孟子》《孝经》,与夫大小《戴记》之别于《礼》,《左氏》《公》《穀》之别于《春秋》,皆题为经,乃有九经、十经、十三、十四诸经,以为专部,盖尊经而并及经之支裔也。……然则今之所谓经,其强半皆古人之所谓传也。古之所谓经,乃三代盛时,典章法度,见于政教行事之实,而非圣人有意作为文字以传后世也。①

龚自珍(1792—1841)在《六经正名》一文中,对此问题做了更加详细的论辩。他指出:"孔子之未生,天下有六经久矣。……六经、六艺之名,由来久远,不可以臆增益。善夫,汉刘向之为《七略》也!班固仍之,造《艺文志》,序六艺为九种,有经、有传、有记、有群书。传则附于经,记则附于经,群书颇关经,则附于经。"②这样,只有六经是具有源头意义的典籍,而传、记、群书皆是后起之作,都是解释经的,故只能附经而存在。后来,在六经的基础上,后人又有不断地增扩,以至"世有七经、九经、十经、十二经、十三经、十四经之喋喋也"③。或以传为经,或以记为经,或以群书为经,造成了"经"之本意的丧失和经与非经之界线的混淆。他说:"后世又以《论语》《孝经》为经。假使《论语》《孝经》可名经,则(刘:引者加)向

---

① [清]章学诚:《文史通义·经解上》,《文史通义校注》,叶瑛校注,中华书局 1985 年版,第94 页。
② [清]龚自珍:《六经正名》,《龚自珍全集》,上海人民出版社 1975 年版,第 36—37 页。
③ [清]龚自珍:《六经正名》,《龚自珍全集》,上海人民出版社 1975 年版,第 37 页。

早名之；且曰序八经，不曰序六艺矣。"①更有甚者，"然且以为未快意，于是乎又以子为经"，将《孟子》也列入了，这是"乱圣人之例，淆圣人之名实"②。《尔雅》本为"经之舆儓"，是释经的工具，"乃使之与诗书抗，是尸祝舆儓之鬼，配食昊天上帝也"。③ 所以，龚自珍强调只有六经可以名之为"经"，而"四书"是不能作为"经"的。严明"经"意或者强化其身份之别，只是说明了"四书"不同于"五经"，但并没有解释何以"四书"也会被列入"经"里面的道理。

从典籍的性质上看，"五经"为古书，而"四书"为新创制的作品，在时序上一先一后，明显有别。而在书写关系上，"五经"为母本，是思想的源泉，"四书"则是解释和发挥"五经"义理的，是经义的溢出与扩展，一源一流。从历史的演变来看，也是先确定了六经的经典身份，随着对经之解释的展开，才有了传、记、群书等，一主一辅。实际上，"四书"本不为经，"四书"入经甚晚，作为集群式整体加入经的行列就更晚了，这中间便包含了太多儒学发展的话题和经典诠释的秘密。

《论语》本来是传、记，《汉书・艺文志》著录群书，列之于"六艺略"的《春秋》类后面。《汉书》称鲁恭王于孔子故宅壁中得古文经传，所谓传者，即指《论语》。④ 故《汉书・扬雄传》之赞曰："传莫大于《论语》，作《法言》。"⑤《后汉书・赵咨传》引记曰："丧，与其易也宁戚。"⑥这是《论语・八佾》中孔子答林放的话。是故这里又称《论语》为记。作为传、记的《论语》，大概收罗、搜集和成编于两三代人之间，其资料来源和内容范围还是相当清楚的，主要反映的是孔子本人的思想。《汉书・艺文志》谓："《论语》者，孔子应答弟子时人及弟子相与言而接闻于夫子之语也。

---

① ［清］龚自珍：《六经正名》，《龚自珍全集》，上海人民出版社 1975 年版，第 38 页。
② ［清］龚自珍：《六经正名》，《龚自珍全集》，上海人民出版社 1975 年版，第 38 页。
③ ［清］龚自珍：《六经正名》，《龚自珍全集》，上海人民出版社 1975 年版，第 38 页。
④ ［汉］班固：《汉书・景十三王传》，中华书局 1962 年版，第 8 册，第 2414 页。
⑤ ［汉］班固：《汉书・扬雄传》，中华书局 1962 年版，第 11 册，第 3583 页。
⑥ ［南朝宋］范晔：《后汉书》卷三九《赵咨传》，中华书局 1965 年版，第 5 册，第 1315 页。

当时弟子各有所记。夫子既卒,门人相与辑而论纂,故谓之《论语》。"①
刘熙曰:"《论语》,纪孔子与诸弟子所语之言也。……论,伦也,有伦理
也。"②"语,叙也,叙己所欲说也。"③元代何异孙在《十一经问对》中说:
"此孔门师弟子讨论文义之言语也。有弟子记夫子之言者,有夫子答弟
子之问者,有弟子自相答问者,又有时人相与言者,有臣对君之问者,有
师弟子对大夫之问者,皆所以讨论文义,故谓之《论语》。"④《论语》作为
典籍之名称,最早出现在《礼记·坊记》中,"《论语》曰:'三年无改于父
之道,可谓孝矣'"⑤。而在《孟子》《荀子》里,虽引用了孔子的话,但并没
有出现《论语》的名称,甚至西汉初年陆贾《新语》、贾谊《新书》等引用
《论语》的句子时,也没有提起过书名。之后的文献,或直称为"论",或曰
"语",基本上将其看作解释六经的"传""记",与战国时期的诸子书并无
太大分别。汉初,有关《论语》的资料分《齐论》《鲁论》和《古论》三系。
成帝时,张禹主要依《鲁论》予以重编,称《张侯论》。汉人之《论语》注
解,经何晏辑纂之后,成《论语集解》一书,为今存最早之《论语》文献。

　　《孟子》本是子书,"其书号为诸子"(赵岐语)。《汉书·艺文志》将
之著录于"诸子略",与《墨子》《庄子》《荀子》等同列。《史记·孟子荀卿
列传》谓:"孟轲,驺人也。受业子思之门人。道既通,游事齐宣王,宣王
不能用。适梁,梁惠王不果所言,则见以为迂远而阔于事情。当是之时,
秦用商君,富国强兵;楚、魏用吴起,战胜弱敌;齐威王、宣王用孙子、田忌
之徒,而诸侯东面朝齐。天下方务于合从连衡,以攻伐为贤,而孟轲乃述
唐、虞、三代之德,是以所如者不合。退而与万章之徒序《诗》《书》,述仲

① [汉]班固:《汉书·艺文志》,中华书局1962年版,第6册,第1717页。
② [汉]刘熙:《释名》卷六《释典艺》,《四部丛刊初编本》,上海书店出版社1989年版。
③ [汉]刘熙:《释名》卷四《释言语》,《四部丛刊初编本》,上海书店出版社1989年版。
④ [元]何异孙:《十一经问对》卷一《论语》,文渊阁《四库全书》,台湾商务印书馆1986年版,
　　第184册,第346页。
⑤ 陈戍国点校:《周礼·仪礼·礼记》,岳麓书社1989年版,第490页。

尼之意,作《孟子》七篇。"①东汉赵岐为之章句,其《孟子题辞》云"《论语》者,五经之锟辖,六艺之喉衿也。《孟子》之书,则而象之""儒家惟有《孟子》,闳远微妙,缊奥难见,宜在条理之科"。②可见汉人又将《孟子》视为《论语》一类的典籍。故王充《论衡·对作》曰:"杨、墨不乱传义,则孟子之传不造。"《汉书·刘向传》《后汉书·梁冀传》及许幹的《中论》等,在引用到《孟子》语时,皆为"传曰"。《孟子》在汉文帝时曾作为传记"首置博士",但不久即遭罢。《孟子题辞》记:"汉兴,除秦虐禁,开延道德,孝文皇帝欲广游学之路,《论语》《孝经》《孟子》《尔雅》皆置博士。后罢传记博士,独立五经而已。"③这些都说明,《孟子》一书在汉代的地位仅次于《论语》,比一般的诸子都重要,是介于经与子之间,或比较接近于传、记一类的典籍。汉儒在说经时,每引《孟子》为证,也有数家为之作注,但存留下来的只有赵岐的《孟子章句》。

而《大学》《中庸》,本来就是《礼记》当中的两篇,恰如章学诚所谓:"《论语》述夫子之言行,《尔雅》为群经之训诂,《孝经》则又再传门人之所述,与《缁衣》《坊》《表》诸记,相为出入者尔。"④《大学》《中庸》与《礼记》中的其他篇目的情况都很相似,是作为《礼》类文献被收集汇编在一起的,其身份本来就是传、记,但因为"三礼"分合的缘故,整体上进入到了经部。

由"四书"文献的书写背景和成编年代来看,它与"五经"的确不同,所以在宋代以前,尽管《论语》的地位很高,《孟子》也备受重视,但经与传、记的界线,还是很分明的,并且有着不能逾越的鸿沟。宋代之后,随着理学的兴起,"四书"的地位开始发生根本性的改变,一跃而上升为经;

---

① [汉]司马迁:《史记》,中华书局1959年版,第7册,第2343页。
② [汉]赵岐:《孟子题辞》,载焦循:《孟子正义》,中华书局1987年版,第14、25页。
③ [汉]赵岐:《孟子题辞》,载焦循:《孟子正义》,中华书局1987年版,第17页。
④ [清]章学诚:《文史通义·经解上》,《文史通义校注》,叶瑛校注,中华书局1985年版,第94页。

特别是在经过了朱子的倾心打造之后,其整体性的意义开始突显出来,成为可以与"五经"相提并论的另外一组经典。凌廷堪(1755—1809)谓:"《大学》《中庸》,《小戴》之篇也,《论语》《孟子》,传记之类也,而谓圣人之道在是焉,别取而注之,命以'四书'之名,加诸六经之上。其于汉唐诸儒之说,视之若弁髦,弃之若土苴,天下靡然而从之,较汉魏之尊传注、隋唐之信义疏,殆又甚焉。"①《四库全书总目》亦指出:"《论语》《孟子》旧各为帙,《大学》《中庸》,旧《礼记》之二篇,其编为'四书',自宋淳熙始;其悬为令甲,则自元延祐复科举始。古来无是名也。"②也就是说,如果没有朱子的精心编排和大力推举,就不可能有"四书"体系的诞生;如果没有朱子学地位的抬升和科举考试的特定背景,"四书"系统的强固与影响日重也是一件很难想象的事情。所以朱彝尊(1629—1709)就曾分析过:

> 朱子注《论语》,从《礼记》中摘出《中庸》《大学》为之章句,配以《孟子》,题曰"四书"。谆谆诲人以读书之法,先从四子始。由是淳熙而后,诸家解释四书渐多于说经者矣。元皇庆二年,定为考试程式。凡汉人、南人,第一场试经疑二问,于《大学》《论语》《孟子》《中庸》内出题,并用朱子《章句集注》;经义一道,各治一经。若蒙古、色目人,第一场试经问五条,以《大学》《论语》《孟子》《中庸》内设问,亦用朱氏《章句》,则舍五经而专治四书矣。明代因之,学使者校士以及府、州、县试,专以四书发题,惟乡、会试,有经义四道,然亦先四书而后经。沿习既久,士子于经义仅涉略而已。至于习《礼》者,恒删去经文之大半。习《春秋》者,置《左氏传》不

---

① [清]凌廷堪:《校礼堂文集》卷二三《与胡敬仲书》,王文锦点校,中华书局1998年版,第205页。
② [清]永瑢等:《四库全书总目》卷三五,中华书局1965年版,第289页。

观,问以事之本末,茫然不知。经学于是乎日微。①

实际上,在元朝至元年间,就已经将四书放在了五经的前面,规定:"凡读书,必先《孝经》《小学》《论语》《孟子》《大学》《中庸》,次及《诗》《书》《礼记》《周礼》《春秋》《易》。"②这说明,在科考程式和应试教育的形态下,大多数士子所接纳的是四书系统,而不是传统的五经体系,这对于四书传播力和影响力的放大都起到了直接的作用。尤其到了明朝永乐年间,胡广等人奉敕编纂《五经大全》《四书大全》《性理大全》等三部大书,用官颁的方式首次将四书和五经并列在一起,四书取得了与五经同等重要的名分。特别是随着科考体制的模块化及其影响的进一步深入,一般人对于四书的重视渐渐地超过了五经,四书越来越受到读书人的青睐,它的社会意义和普及化程度也就远远地大过了五经。

二、"四书"系统的建构

"四书"作为一个系统显然不是自然形成,而是有意识地缩结与构筑的结果,如果没有一种相似的背景和共同的目标,没有一个外在形式的同一律和制度化的强化,"四书"能够成为一种经典体系便是不可想象的事情。《论语》多记夫子言,直接表达圣人意,自经学形成之后,便获得了崇高的地位,虽不为经,但实际地位已然不亚于经。而《孟子》为子书,《大学》《中庸》亦为七十子后学(或更晚)之著作,不但离经的地位相差甚远,就是与《论语》相比,也有时代之差距,重要性也明显地有所递减。将这些不同时段、不同性质和不同形式的文本集结在一起,形成一个统

① [清]朱彝尊:《曝书亭集》卷六〇《经书取士议》,文渊阁《四库全书》,台湾商务印书馆1986年版,第1318册,第318页。
② [明]宋濂等:《元史·选举志一·学校》,中华书局1976年版,第7册,第2029页。

一体,显然需要充分的理由,也需要不断的解释和说明。围绕着"四书"系统的建构,大致要解决三个方面的问题:一是"四书"和"五经"的关系,即在六经系统之外,建立四书体系的必要性何在? 二是四书文本本身的地位需要被拔高,以使之能够取得与经相同的身份,这就需要不断地从内涵方面来阐释其深刻的意义。三是为了获得系统内部的协调性和统一性,需要对四书文本的关系及其所扮演的角色进行精细的筹划和说明,以构成体系的完整性。

四书系统的绾结和逐渐清晰化,以及地位的进一步突显,显然是和儒学发展的时代要求联系在一起的。汉唐经学以五经为根本,在解释的层次性和丰富性上,形成了自身的一个完备系统,可以处理宇宙本体、社会治理与个人生命方面的问题。但随着唐以后佛教的逐渐普及、义理的深度融合与精神世界叙事的复杂化,儒家原有的经典系统左支右绌,已不能解释一大堆新产生的问题,难以应对佛教义理所带来的根本性挑战,所谓"儒门淡薄,收拾不住",这便提出了建构新理论体系的要求。从周敦颐的"太极图说"到张载的"太虚即气",再到二程的"理"世界构筑,这个工作在一步一步地展开,与之相适应的,便是对儒家经典系统的重新配置和调动。除了原有的五经体系之外,亟须寻找到一个新的思想动力源。这样,产生于"轴心时代",对五经做思想阐释与发挥的传、记文本便脱颖而出,走到了前台。北宋诸儒大力托举传、记系统,着力发挥"四书"、《易传》里面的思想,就是其完成新儒学体系建构之必不可少的工作。张载说:"学者信书,且须信《论语》《孟子》。《诗》《书》无舛杂。《礼》虽杂出诸儒,亦若无害义处,如《中庸》《大学》出于圣门,无可疑者。"①程颐谓:"学者当以《论语》《孟子》为本。《论语》《孟子》既治,则六经可不治而明矣。读书者,当观圣人所以作经之意,与圣人所以用心,与圣人所以至圣人,而吾之所以未至者,所以未得者,句句而求之,

————————

① [宋]张载:《经学理窟·义理》,《张载集》,章锡琛点校,中华书局1978年版,第277页。

昼诵而味之，中夜而思之，平其心，易其气，阙其疑，则圣人之意见矣。"①
又说："学者先须读《论》《孟》。穷得《论》《孟》，自有个要约处，以此观他
经，甚省力。《论》《孟》如丈尺权衡相似，以此去量度事物，自然见得长短
轻重。"②在一定程度上，四书所包含的内容更为贴近当时之需要。面
对佛教所带来的前所未有的冲击，不论是对精神世界的说明，还是对个
人身心的安顿，四书能够提供的理论资源要远远大于五经。

取五经而代之，首先需要在文本的身份地位上有所改变。于是拔举
四书，使之取得能够与五经并驾齐驱的名分，就成为首要任务。《论语》
自汉代以来，即为"附经"，身份比较特殊，列于经典，争议不大，而《孟子》
就没有那么简单了。汉唐间，虽然人们对《孟子》的看法时有起伏，有的
时段它的地位比较高，也受到重视，但总的说来，其与经的身份还是有比
较大的距离。尽管中唐以后，韩愈特别地推崇孟子，认为儒家之道，"轲
之死，不得其传焉"（《原道》）；皮日休推举《孟子》为学科书，有升经之祈
望。③ 但这些运作都只是形成了烘托气氛的效果，并没有完成入经的事
实。到了北宋庆历年间，《孟子》一书中的内容成为科考试题；而熙宁变
法时，其更是与《论语》并列为"兼经"，取得了经书的资格。当时，李觏作
《常语》说"孟子者，五霸之罪人也"④，郑厚叔在《艺圃折中》中谓孟子"挟
仲尼以欺天下"⑤，均对《孟子》一书入经持激烈反对的态度。⑥ 特别是站
在王安石新学对立面的司马光写了《疑孟》一文，旗帜鲜明地抵制尊孟。
后来针对司马光的诘难，胡宏（1102—1161）专门作《释疑孟》，谓："司马

① ［宋］程颢、程颐：《河南程氏遗书》卷二五，《二程集》，王孝鱼点校，中华书局 2004 年版，第
322 页。
② ［宋］程颢、程颐：《河南程氏遗书》卷一八，《二程集》，王孝鱼点校，中华书局 2004 年版，第
205 页。
③ 唐皮日休著有《请孟子为学科书》一文，谓"《孟子》之文，粲若经传"，"故其文，继乎六艺，
光乎百氏。真圣人之微旨也"。载《皮子文薮》，上海古籍出版社 2017 年版，第 106 页。
④ ［宋］李觏：《常语》，《李觏集》，王国轩点校，中华书局 2011 年版，第 512 页。
⑤ ［宋］郑厚：《孟子论（一）》，载曾枣庄、刘琳主编：《全宋文》，上海辞书出版社、安徽教育出
版社 2006 年版，第 191 册，第 171 页。
⑥ 参见邱汉生：《四书集注简论》，中国社会科学出版社 1980 年版，第 5 页。

文正之贤，天下莫不知，孰敢论其非者，然理之所在，务学以言可也。夫孟氏学乎孔圣，虽未能从容中道，迹其行事，质诸鬼神，亦可谓厘中缕当矣。其道光大，如青天白日，而司马子疑之。愚窃惑焉，作《释疑孟》。有能宥其狂简而相切磋者，吾与之友矣。"①分"性""辨""舜""仲子""责善""仕""霸""德""师""伐燕""理""王""卿""学"等 14 个问题，对司马子的责难一一进行了反驳。在贬孟与尊孟的反复较量中，起了决定性作用的当属二程。朱熹在《孟子集注》一书的《序说》中，大致梳理了这一线索，其中引二程称赞孟子的话，就有六七条之多，差不多是视为一种定论的。如"孟子有功于圣门，不可胜言"；"孟子有大功于世，以其言性善也"；"孟子大贤，亚圣之次也"；孟子"学已到至处"；等等。② 这样，到了朱子合注"四书"时，纳入《孟子》便水到渠成了。

　　和《孟子》入经相比，《大学》《中庸》入经要来得相对容易些，一则"三礼"已属于经部，没有身份认证的问题，二则《大学》《中庸》单列，由来已久，早有先例。③ 宋儒所须做的工作就是进一步说明此二篇在圣学中的特殊地位，明晰其思想脉络，阐发其深刻内涵。周敦颐的《通书》特别喜欢讲"诚"，以《中庸》之"诚"阐发《大易》的天道性命之蕴。张载说："某观《中庸》义二十年，每观每有义，已长得一格。"④二程强调："入德之门，无如《大学》。今之学者，赖有此一篇书存，其他莫如《论》《孟》。"⑤又说："修身，当学《大学》之序。《大学》，圣人之完书也，其间先后失序者，

① ［宋］胡宏：《释疑孟》，《胡宏集》，吴仁华点校，中华书局 1987 年版，第 318 页。
② ［宋］朱熹：《孟子序说》，《四书章句集注》，中华书局 1983 年版，第 199 页。
③ 《大学》为《礼记》中的第四十二篇，从宋仁宗开始便有单行之例，司马光更著有《大学广义》（《宋史·艺文志》）。《中庸》为《礼记》中的第三十一篇，单行更早，如果不算《汉书·艺文志》所著录的《中庸说》二篇，六朝时便有戴颙的《礼记中庸传》、梁武帝的《中庸讲疏》，唐有李翱的《中庸说》，入宋之后就更多了。故皮锡瑞谓："《礼记》非一人所撰，义之精者可以单行。《汉·艺文志》于《礼记》百三十篇外，已别出《中庸》二篇。梁武帝作《礼记大义》十卷，又作《中庸讲疏》一卷。宋仁宗以《大学》赐及第者。表彰《中庸》《大学》，不始朱子。"（《经学通论》"三礼"之四十八，中华书局 2015 年版，第 479 页）
④ ［宋］张载：《经学理窟·义理》，《张载集》，中华书局 1978 年版，第 277 页。
⑤ ［宋］程颢、程颐：《河南程氏遗书》卷二二，《二程集》，王孝鱼点校，中华书局 2004 年版，第 1 册，第 277 页。

已正之矣。"①于《中庸》,二程则有"《中庸》之言,放之则弥六合,卷之则退藏于密"②,"《中庸》之书,其味无穷,极索玩味"③,"善读《中庸》者,只得此一卷书,终身用不尽也"④等赞誉的话。所以后来胡安国(1074—1138)说:"夫圣人之道,所以垂训万世,无非中庸,非有甚高难行之说,此诚不可易之至论也。然《中庸》之义,不明久矣。自颐兄弟始发明之,然后其义可思而得。不然,则或谓高明所以处己,中庸所以接物,本末上下,析为二途,而其义愈不明矣。"⑤另外,《自警编》也引了当时邹浩(1060—1111)的评说:"圣人之道备于六经,千门万户何从而入,大要在《中庸》一篇,其要在谨独而已。但于十二时中,看自家一念从何处起,即点检不放过,便见工力。"⑥可见对《大学》《中庸》的推举,成为其时之一代风潮,它们被确立为经,殆无异议。

将四书分说或者合举,已多散见于北宋文献中,但前后一般不相连,或者排序也比较杂乱。如司马光在《书仪》中就认为《学记》《大学》《中庸》《乐记》,为《礼记》之精要。吕本中(1084—1145)谓:"学问当以《孝经》《论语》《中庸》《大学》《孟子》为本,熟味详究,然后通求之《诗》《书》《易》《春秋》,必有得也。既自做得主张,则诸子百家长处皆为吾用矣。"⑦两宋之交的李涂(耆卿)在《文章精义》中说:"《易》《诗》《书》《仪

---

① [宋]程颢、程颐:《河南程氏遗书》卷二四,《二程集》,王孝鱼点校,中华书局 2004 年版,第 1 册,第 311 页。

② [宋]程颢、程颐:《河南程氏遗书》卷一一,《二程集》,王孝鱼点校,中华书局 2004 年版,第 1 册,第 130 页。

③ [宋]程颢、程颐:《河南程氏遗书》卷一八,《二程集》,王孝鱼点校,中华书局 2004 年版,第 1 册,第 222 页。

④ [宋]程颢、程颐:《河南程氏遗书》卷一七,《二程集》,王孝鱼点校,中华书局 2004 年版,第 1 册,第 174 页。

⑤ [宋]胡安国:《奏状》,见[宋]程颢、程颐:《河南程氏遗书》附录,《二程集》,王孝鱼点校,中华书局 2004 年版,第 1 册,第 348—349 页。

⑥ [宋]赵善璙:《自警编》卷二,文渊阁《四库全书》,台湾商务印书馆 1986 年版,第 875 册,第 228 页。

⑦ [宋]吕本中:《童蒙训》卷上,《吕本中全集》,韩酉山辑校,中华书局 2019 年版,第 3 册,第 967 页。

礼》《春秋》《论语》《大学》《中庸》《孟子》，皆圣贤明道经世之书，虽非为作文设，而千万世文章从是出焉。"①而到了朱子的手里，则在前人掘发与拔举的基础上，将这些思想集中起来，合四书为一体，为其作章句、集注，完成了四书的系统化。朱子说："读书，且从易晓易解处去读。如《大学》《中庸》《语》《孟》四书，道理粲然，人只是不去看。若理会得此四书，何书不可读！何理不可究！何事不可处！"②又谓："《语》《孟》《中庸》《大学》是熟饭，看其它经，是打禾为饭。"③"若未读彻《语》《孟》《中庸》《大学》，便去看史，胸中无一个权衡，多为所惑。"④朱子还对四书系统做了周密的考虑和安排，提出"学问须以《大学》为先，次《论语》，次《孟子》，次《中庸》"的顺序。⑤他具体分析道：

> 某要人先读《大学》，以定其规模；次读《论语》，以立其根本；次读《孟子》，以观其发越；次读《中庸》，以求古人之微妙处。《大学》一篇有等级次第，总作一处，易晓，宜先看。《论语》却实，但言语散见，初看亦难。《孟子》有感激兴发人心处。《中庸》亦难读，看三书后，方宜读之。

> 先看《大学》，次《语》《孟》，次《中庸》。果然下工夫，句句字字，涵泳切己，看得透彻，一生受用不尽。⑥

这一顺序安排，体现了朱子对四书内容的深刻理解，它是依据四书之义理系统来定序的，有着非常严密的逻辑性，不论是从入门之阶的循序渐

---

① [宋]李耆卿：《文章精义》，文渊阁《四库全书》，台湾商务印书馆1986年版，第1481册，第804页。

② [宋]黎靖德编：《朱子语类》，王星贤点校，中华书局1986年版，第1册，第249页。

③ [宋]黎靖德编：《朱子语类》，王星贤点校，中华书局1986年版，第2册，第429页。

④ [宋]黎靖德编：《朱子语类》，王星贤点校，中华书局1986年版，第1册，第195页。

⑤ [宋]黎靖德编：《朱子语类》，王星贤点校，中华书局1986年版，第1册，第249页。

⑥ [宋]黎靖德编：《朱子语类》，王星贤点校，中华书局1986年版，第1册，第249页。

进，还是思想学说的内在关联，都有极大的合理性，尤其是观照到了文本之间的整合性与系统的自洽性问题，是从统一性上来着眼的。

自从朱子作《四书章句集注》之后，四书成为一个整体，也成了在五经系统之外的另一个儒家经典群组，并且慢慢地形成一门四书学，这是经学发展进入到一个新阶段的重要标志。到了南宋理宗淳祐元年（1241），诏曰："朕惟孔子之道，自孟轲后不得其传，至我朝周惇颐、张载、程颢、程颐，真见实践，深探圣域，千载绝学，始有指归。中兴以来，又得朱熹精思明辨，表里混融，使《大学》《论》《孟》《中庸》之书，本末洞彻，孔子之道，益以大明于世。"①至此，四书系统的经典地位大体已定，四书变得和五经同等重要，即所谓"自有四书，而后道学之门户正；自朱子四书立于学官，而后道学之壁垒坚"②。

三、"四书"的价值

朱子穷40年心力为四书作注，先有《论语精义》《孟子精义》和《中庸辑略》等对先儒之相关论述的搜集，后著《四书或问》39卷，最后方竣工《四书章句集注》这部集大成的伟构。另外，在《朱子语类》中，有50余卷是涉及四书内容的，可见诠解四书在其一生的学术活动中占有极重的分量。朱子花费了大量心血注解四书，建构四书学系统，《朱子语类》有云：

> 前辈解说，恐后学难晓，故《集注》尽撮其要，已说尽了，不须更去注脚外又添一段说话。只把这个熟看，自然晓得，莫枉费心去外面思量。③

语吴仁父曰："某《语孟集注》，添一字不得，减一字不得，公子

---

① ［元］脱脱等：《宋史》卷四二《理宗二》，中华书局1985年版，第3册，第821页。
② 马宗霍：《中国经学史》，河南人民出版社2016年版，第114页
③ ［宋］黎靖德编：《朱子语类》，王星贤点校，中华书局1986年版，第2册，第438页。

细看。"又曰："不多一个字，不少一个字。"

《论语集注》如称上称来无异，不高些，不低些。自是学者不肯用工看。如看得透，存养熟，可谓甚生气质。

"某于《论》《孟》，四十余年理会，中间逐字称等，不教偏些子。学者将注处，宜子细看。"又曰："解说圣贤之言，要义理相接去，如水相接去，则水流不碍。"后又云："《中庸解》每番看过，不甚有疑。《大学》则一面看，一面疑，未甚惬意，所以改削不已。"①

透过这些自信而剀切的话，我们不难体味到朱子一生心血之所寄。他的理论关切和思想中心是在四书，学问的关键与自得之处也是在四书。尽管于五经系统，朱子也曾着力过，先后著《周易本义》《诗集传》《仪礼经传通解》等，并由弟子蔡沈完成了《书集传》。但他的思想创造性并不表现在这些经学著作上，这之中有很多是修补性的，或是接着前人的话题讲，缺乏整体的解释与创新。而其创作《四书章句集注》就不一样了，它是一个完整的系统，和汉唐经学的余音袅袅性质不同。四书之建构，是对儒学整体性的理解和创造性的诠释，明显的是另起炉灶，在经典体系上欲取五经而代之，成为另一个具有内在逻辑和思想典范意义的理论体系。所以，"四书"的树立于宋儒而言是一番全新的事业，朱子阐发后的四书学，不仅标志着儒家经学的新格局，而且代表了儒学发展的新阶段。

就经典系统来讲，四书为传、记，是对六经的进一步理解与解释，它本身就容纳与涵化了六经的思想，并且在问题的深度和时代的切近点方面更有过之。在诠释经验和技术的累积上，宋儒的方法也更有进者，表现得更为深刻，所谓"虚心涵泳，切己体察"。同样面对文本，其理解的尺度和解释的方式突破了原有之浅表的规范与束缚，而进入到了思想义理的内层。这就像保罗·利科（Paul Ricœur）所说的："诠释概念和真理概

---

① ［宋］黎靖德编：《朱子语类》，王星贤点校，中华书局1986年版，第2册，第437页。

念一样,都具有丰富的内涵;诠释概念恰恰代表了历史求真问题中的一个重要维度。就此而言,诠释存在于历史编纂活动的各个层面上,比如,在文献层面上,进行材料选择的过程之中;在解释-理解的层面上,诠释存在于在几种相互竞争的解释模式中进行选择的过程中,而在更为思辨的意义上来说,尺度变化的过程中也存在诠释。"①宋儒在建构四书系统时,首先要处理四书和五经的关系,将四书的重要性建立在消化与融合五经义理的基础之上,而不是简单地摈弃之或替代之。朱子指出:"河南程夫子之教人,必先使之用力乎《大学》《论语》《中庸》《孟子》之书,然后及乎六经。"②又谓:"《诗》《书》是隔一重两重说,《易》《春秋》是隔三重四重说……今欲直得圣人本意不差,未须理会经,先须于《论语》《孟子》中专意看他,切不可忙;虚心观之,不须先自立见识,徐徐以俟之。"③明初刘三吾(1313—1400)说:"六经载道之书,四书明理之书。……《易》以道阴阳,《书》以道政事,《诗》以咏性情,《春秋》以正名分,《礼》以谨节文。道无乎不在也。""《大学》,其入道之户庭;《中庸》,其造道之阃奥;《论语》,盖无非教人操存涵养之要;《孟子》七篇,无非教人体验扩充之功。……求道必自六经始,求六经必自四书始。"④以"载道"和"明理"来区分二者,六经明大道,而四书入其理,要想明白道,就必须懂得理,将四书置于五经之上,或放在五经之先,便为经典诠释的必要性和合理性打开了更大的空间。这也就是朱子所说的"《语》《孟》工夫少,得效多;六经工夫多,得效少"⑤。这里所谓的"多少",并不只是方法的简易与繁复,而是涉及诠释的有效性问题。

---

① 〔法〕保罗·利科:《记忆,历史,遗忘》,李彦岑、陈颖译,华东师范大学出版社 2018 年版,第 315 页。
② 〔宋〕朱熹:《书临漳所刊四子后》,《朱熹集》卷八二,四川教育出版社 1996 年版,第 4255 页。
③ 〔宋〕黎靖德编:《朱子语类》,王星贤点校,中华书局 1986 年版,第 7 册,第 2614 页。
④ 〔明〕刘三吾:《番阳令任勉读书斋记》,《刘三吾集》,陈冠梅校点,岳麓书社 2013 年版,第 65—66 页。
⑤ 〔宋〕黎靖德编:《朱子语类》,王星贤点校,中华书局 1986 年版,第 2 册,第 428 页。

先四书而后六经,是以学习和体会四书的内容为主体,所谓"今学者不如且看《大学》《语》《孟》《中庸》四书,且就见成道理精心细求,自应有得。待读此四书精透,然后去读他经,却易为力"①。也就是以四书的义理来理解和解释六经,四书为本,六经为末,这个道理就像蒙文通(1894—1968)所说的:

> 六经为古文献,而汉人所言者为理想之新制度,乃旧文献与此新制度无抵触者,此非六经成于新儒家之手乎! 正以新理想新制度之产生而六经始必有待于删定也。是则晚周之诸子入汉一变而为经学,经学固百家言之结论,六经其根底,而发展之精深卓绝乃在传记,经其表而传记为之里也。②

在西汉时期,传、记的内容适应了新时代的要求,是诸子百家思想的汇聚和精选,所以汉代的新制度要靠诠释性的传、记来解释;同样,在佛教的冲击之下,儒学要想获得新的发展,就必须要阐发四书里面所蕴含的深刻道理,以重新构筑起融会了三教义理的大系统。这个新的系统,虽说是以四书作为根底的,但又经过了创造性的诠释和思想义理的发挥,构成了一套新的学说,这便是理学(或曰道学)的形态。

理学以四书为发掘之重点,不同于汉唐经学的五经系统,在诠释方法上也不走训诂注疏的老路,而是重在思想义理的发挥。宋儒于四书内容重在切己体察,不拘泥于文字,而重在生命体验,强调进入、浸润和设身处地的境遇感。朱子谓:"人有言,理会得《论语》,便是孔子;理会得《七篇》,便是孟子。子细看,亦是如此。盖《论语》中言语,真能穷究极其纤悉,无不透彻,如从孔子肚里穿过,孔子肝肺尽知了,岂不是孔子!《七

---

① [宋]黎靖德编:《朱子语类》,王星贤点校,中华书局1986年版,第7册,第2778页。
② 蒙文通:《经史抉原》,巴蜀书社1995年版,第153页。

篇》中言语，真能穷究透彻无一不尽，如从孟子肚里穿过，孟子肝肺尽知了，岂不是孟子！"①又说："《论语》之书，无非操存、涵养之要；《七篇》之书，莫非体验、扩充之端。盖孔子大概使人优游餍饫，涵泳讽味；孟子大概是要人探索力讨，反己自求。"②这种生命体验是一个不间断的过程，是生命实存的感受，没有不可体验的知识，也没有脱离体验之知的学问，生命本身就是无穷的体知。孔子讲"为己之学"，孟子说"良知""良能"，均是对德性生命涵养的提点，宋儒倡扬"变化气质"，也是在本体意义上来讲体验之知。朱子谓：

> 世间只是这个道理，譬如昼日当空，一念之间合着这道理，则皎然明白，更无纤毫窒碍，故曰"天命之谓性"。不只是这处有，处处皆有。只是寻时先从自家身上寻起，所以说"性者，道之形体也"，此一句最好。盖是天下道理寻讨将去，那里不可体验？只是就自家身上体验，一性之内，便是道之全体。千人万人，一切万物，无不是这道理。不特自家有，它也有；不特甲有，乙也有。天下事都凭地。③

这种实践工夫，从学问上来讲就是"知"，从修身处入手便是"德"。"知知、仁、勇之极致，又知好学、力行、知耻为近之，则凡修身之事，其有不知者乎？故曰：知斯三者，则知所以修身。体验于己，推行于人，非有二事。"④故朱子讲《大学》之"格物"，强调的是"格物，须是从切己处理会去"，"须穷极事物之理到尽处，便有一个是，一个非，是底便行，非底便不

---

① ［宋］黎靖德编：《朱子语类》，王星贤点校，中华书局1986年版，第2册，第432页。
② ［宋］黎靖德编：《朱子语类》，王星贤点校，中华书局1986年版，第2册，第444页。
③ ［宋］黎靖德编：《朱子语类》，王星贤点校，中华书局1986年版，第7册，第2787—2788页。
④ ［宋］卫湜：《礼记集说》卷一三〇，文渊阁《四库全书》，台湾商务印书馆1986年版，第120册，第202页。

行。凡自家身心上,皆须体验得一个是非"。① 只有经过体证之后,才能将书本知识转化为生命的内涵,这也就接近或者达到了圣人与经书所描绘的那般境地。

四书体系的建构不只是文本的简单挪动和组合,而是结构的调整与改变,除了顺序上的精心编排,在义理的内在逻辑上也是颇费苦心。这包括作者之间的关系、思想脉络的承接、问题掘发的系统性和连续性等,此导致学人甚至不惜在文本上做手脚,从文字方面对原始文本进行重组或者删改。我们仅以《大学》为例,如朱子所言:"《大学》是修身治人底规模。如人起屋相似,须先打个地盘。地盘既成,则可举而行之矣。"②从一开始,理学家们便围绕着《大学》这个"底盘"大做文章,二程既是表彰《大学》最有力者,也开了改定文本之先河(见《程氏经说》)。从二程之后,《大学》改本风气便持续不绝,从来没有止息过,围绕着如何分章、三纲八目的排列、错简重释、经传相分,特别是朱子章句与古本的差别等,展开了一轮又一轮的攻错和辩难,历经几百年,此起彼伏,蔚为大观。③为什么对《大学》文本的解释能够引起那么多的疑问和如此大的波澜呢?就是因为通过不同的释读可以表达出不同的思想观念和学术立场,这恰恰表现了经典意涵的无限性和诠释之间的时代差别。熊十力(1885—1968)谓《大学》"自程、朱表意,阳明复依据之,盖六经之纲要,儒家之实典也。……汝曹不悟六经宗要,读《大学》,可悟其宗要。不得六经体系,读《大学》,可得其体系。不识六经面目,读《大学》,可识其面目。不会六经精神,读《大学》,可会其精神。三纲领,八条目,汉、唐诸儒皆莫能解,程、朱始发其覆。至阳明而阐其理要"④。唐君毅(1909—1978)也指出:

① [宋]黎靖德编:《朱子语类》,王星贤点校,中华书局1986年版,第1册,第284页。
② [宋]黎靖德编:《朱子语类》,王星贤点校,中华书局1986年版,第1册,第250页。
③ 这方面的研究文献非常多,涉及的问题也是五花八门,可参见李纪祥著《两宋以来〈大学〉改本之研究》(台湾学生书局,1988年版)。
④ 熊十力:《读经示要》,《熊十力全集》,湖北教育出版社2001年版,第3卷,第673—674页。

"以吾人今日之眼光观之，朱子之论格物穷理，阳明之言致良知，以及顾、黄、王以降之言修、齐、治、平之道，虽皆恒自谓不过发明古人之遗意，实亦诸贤之谦德使然。就中朱子与阳明二家之释《大学》之争，若各还归于二家之思想以观，皆自有千古，而各在儒学史上，树立一新义，亦未尝不与《大学》之思想，有相衔接之处。然若视之为《大学》一文文义之直接注释，则皆不免于枘凿。而其思想与《大学》相衔接之处，亦皆不在《大学》之明文，而惟在其隐义。此隐义之提出，亦实一思想之发展，而非必即《大学》本文或《大学》著者之心中之所有，实不当徒视为其注释。"①所以宋明以还，一直到当今，历代的儒家人物对于四书的诠释，从名义上来看是在讲古人或者还原古人的意思，而实际上所有的注解者都是在发其"隐义"，通过旧瓶在不断地装着新酒，在解释活动中推动着儒学的新开展。

从六经系统的形成到四书体系的出现，儒家经典的建构史和演变史至少延续了千年之久，或者说伴随着儒家的成长和儒学的发展，其经典的面貌就一直在发生着变化，有时候可能只是内部的些许调整，波澜不惊，而有时候则是剧烈的变动，翻江倒海。如果说从五经到十三经只是外在形式上的改变，或是数量的增加；那么其内涵的深刻变化，尤其是在诠释活动中所产生的各种学说对峙和思想张力，及由此所引发的震荡，则可能是非常强烈的，表现也要复杂得多。经典内容的调整与变化，会直接影响到学术的后续发展与走向。同样，每一种学术形态的特征或者选项的出现，都是和经典的具体内容联系在一起的。经典是在学术积累和思想成长的过程中逐渐形成的，反过来，学术的发展和思想的变迁又受到经典的深刻影响。四书系统的建构与成立，对于儒学的发展来讲便是如此。没有儒学新开展的时代需求，便不会出现四书体系，而一旦形成了新的经典权威之后，它又必然会对儒学的后续发展产生难以估量的价值。

---

① 唐君毅：《中国哲学原论·导论篇》，中国社会科学出版社 2005 年版，第 183 页。

参考文献

1. 束景南、王晓华:《四书升格运动与宋代四书学的兴起——汉学向宋学转型的经典诠释历程》,《历史研究》2007 年第 5 期。

2. 秦际明:《朱子与〈大学〉格物观念的转换》,《宋代文化研究》第 22 辑,四川大学出版社 2016 年版。

3. 马文增:《驳"〈中庸〉晚出"说》,《儒藏论坛》第 13 辑,四川大学出版社 2019 年版。

4. 杨朝明:《儒家"四书"与中华家风》,《中原文化研究》2020 年第 3 期。

5. 朱汉民:《"四书"学术形态的历史演变》,《广西师范大学学报》(哲学社会科学版)2021 年第 2 期。

（责任编辑:张尚英）

列子及其著述真伪问题与
思想艺术审美特质新探*

詹石窗**

摘要：列子其人其书在很长一段时间里受到质疑。笔者查找了大量文献，认为列子的道家学派师承是清晰的，其所留下的著作《列子》一书虽然经过了后人的整饬而有行文的少许变化，但就整体而言依然维持了先秦时期的基本面貌。列子著作从《列子》之名到《冲虚真经》，体现了自唐代开始人们对该书主题思想的一种认知倾向。所谓"冲虚"就是中虚，"中"意味着中通谐和，而"虚"所强调的则是去除自我执着心，以合道要。该书以"冲虚之道"为核心概念，建构了生命本根论、宇宙生成论、修身治世论等等。"冲虚"既是《列子》生命修持论的总法门，也是《列子》一书追求的最高审美境界。在这个审美空间里，生命顺应着春夏秋冬的自然节律，因此是有节奏的，生命的节奏彰显了审美空间的自然节律，时间的展开，形成了起承转合，于是使得审美空间具有了音乐的特质。每一个故事片段、每一种事物的出场，前后交替，有序的流程逐步展示出艺术审美空间的壮阔。此可谓冲虚感道、冲虚显道、冲虚集道、冲虚美道。因为冲虚而真正认识了自我，也因为冲虚而升华了空间审美境界。

* 本文系四川大学"文明互鉴与全球治理"学科群及"生命哲学"学派的专题研究成果。
** 詹石窗，四川大学道教与宗教文化研究所教授、博士生导师，四川大学杰出教授，主要从事中国道教文化研究。

关键词：列子　冲虚　审美空间

在道家学派中,列子的地位是相当高的。这不仅因为他在唐代受封为"冲虚真人",其书进入了真经系列,而且也因其著作行文汪洋恣肆、想象丰富、寓理深邃。长期以来,列子得到了学术界的关注,论者颇多。然而,正如亢仓子、文子一样,列子其人其书在很长时间里曾经颇受质疑。尤其在近代以来疑古之风盛行的背景下,关于列子的研究命运多舛。迄今为止,《列子》"伪书"的帽子尚未被彻底摘掉,以至于不少人因为考虑文献的可靠性问题而不敢引用这部著作。近年来,笔者再度查考典籍,对列子其人其书有许多新的感触,整理成文,以就教于诸方家。

一、 列子生平事迹略考

相传列子曾经住在圃田 40 年。关于此,先秦两汉时期的不少文献都有记载,但最为直接的则是《列子·天瑞第一》的说法:

> 子列子居郑圃四十年,人无识者,国君卿大夫视之犹众庶也。国不足,将嫁于卫。弟子曰:"先生往,无反期,弟子敢有所谒,先生将何以教? 先生不闻壶丘子林之言乎?"子列子笑曰:"壶子何言哉! 虽然,夫子尝语伯昏瞀人,吾侧闻之,试以告女。其言曰:有生不生,有化不化。不生者能生生,不化者能化化……"[①]

其中所谓"人无识者",张湛注释:"非形不与物接、言不与物交,不知其德之至,则同于不识者矣。"[②]照此说来,并非周围的人们都不知列御寇

---

① 杨伯峻:《列子集释》,中华书局 1979 年版,第 1—2 页。
② 杨伯峻:《列子集释》,中华书局 1979 年版,第 1 页。

的居处情况,而是说人们不了解他的高明,只晓得一些皮相,这等于没有真正认识他。在郑国国君、公卿、大夫等人的眼里,列御寇与平常百姓其实没有多大差别。

在以上对话中,列御寇称壶丘子林为"夫子",这个称呼虽然有多重含义,但就本段语境看显然是对师长的尊称。这种师生关系从列御寇请季咸相命的故事中也可以得到印证。《庄子·应帝王》记载:

　　郑有神巫曰季咸,知人之死生、存亡、祸福、寿夭,期以岁月旬日若神。郑人见之,皆弃而走。列子见之而心醉,归,以告壶子,曰:"始吾以夫子之道为至矣,则又有至焉者矣。"壶子曰:"吾与汝既其文,未既其实。而固得道与?众雌而无雄,而又奚卵焉!而以道与世亢,必信,夫故使人得而相汝。尝试与来,以予示之。"明日,列子与之见壶子。出而谓列子曰:"嘻!子之先生死矣!弗活矣!不以旬数矣!吾见怪焉,见湿灰焉。"列子入,泣涕沾襟以告壶子。壶子曰:"乡吾示之以地文,萌乎不震不正,是殆见吾杜德机也。尝又与来。"明日,又与之见壶子。出而谓列子曰:"幸矣!子之先生遇我也,有瘳矣!全然有生矣!吾见其杜权矣!"列子入,以告壶子。壶子曰:"乡吾示之以天壤,名实不入,而机发于踵。是殆见吾善者机也。尝又与来。"明日,又与之见壶子。出而谓列子曰:"子之先生不齐,吾无得而相焉。试齐,且复相之。"列子入,以告壶子。壶子曰:"吾乡示之以太冲莫胜,是殆见吾衡气机也。鲵桓之审为渊,止水之审为渊,流水之审为渊。渊有九名,此处三焉。尝又与来。"明日,又与之见壶子。立未定,自失而走。壶子曰:"追之!"列子追之不及。反,以报壶子曰:"已灭矣,已失矣,吾弗及已。"壶子曰:"乡吾示之以未始出吾宗。吾与之虚而委蛇,不知其谁何,因以为弟靡,因以为波流,故逃也。"然后列子自以为未始学而归。三年不出,为其妻爨,食豕如食人,于事无与亲。雕琢复朴,块然独以其形立。纷而封哉,一以是终。①

列御寇找到郑国神巫并不是为自己看相算命,而是为壶丘子而去。先是列御寇见了神巫,大吃一惊,为之心醉神迷,于是就把神巫请到壶丘子家里为其看相,前后一共看了四次。每次看完,神巫并没有当着壶丘子的面下断语,而是把列御寇拉出门外说话,再通过列御寇把话传给壶丘子,这就引出了列御寇与壶丘子的对话。从其对话语境看,壶丘子的言谈显然是老师的口气,而列御寇对壶丘子说话则是学生的态度,反映了两人间的密切关系。

壶丘子何许人也? 晋皇甫谧《高士传》卷中谓:"壶丘子林者,郑人也,道德甚优,列御寇师事之。"②又有诗评云:"至哉壶子,列老下趋。龙藏郑圃,真与道俱。侧闻玄语,宣发希微。载陈生化,继述黄书。"③所谓"黄书"当系黄帝之书,为道家之本源,故其学方可"真与道俱"。由此可见,壶丘子乃是道学传人。列御寇师事壶丘子,也就接上了道学之法脉。

《高士传》同卷又称:列御寇尚师事老商氏,"兼友伯高子而进于其道"。此外,《列子·说符第八》记载列子学射,言"请于关尹子",所谓"请"就是请教、请益。从其三年学射的过程看,列御寇也是把关尹子尊为老师的。种种迹象表明:列御寇虽然转益多师,但其学皆为道脉传承,这是可以肯定的。

有关列御寇的事迹,先秦及汉代的许多文献皆有记载,但比较分散。皇甫谧《高士传》卷中曾对史料进行梳理,摘录其大要:

① [清]郭庆藩:《庄子集释》第1册,王孝鱼点校,中华书局1961年版,第297—306页。
② [晋]皇甫谧:《高士传》卷中,载中华书局编:《四部备要》第46册,中华书局1989年版,第11页上栏。
③ [明]黄省曾:《高士颂》,《五岳山人集》第3卷,《四库全书存目丛书》第94册,齐鲁书社1995年版,第564页下栏。

列御寇者,郑人也,隐居不仕。郑穆公时,子阳为相,专任刑法。列御寇乃绝迹穷巷,面有饥色。或告子阳曰:列御寇,盖有道之士也,居君之国而穷,君无乃为不好士乎? 子阳闻而悟,使官载粟数十乘而与之。御寇出见使者,再拜而辞之。入见其妻,妻望之而拊心曰:妾闻为有道之妻子,皆得佚乐。今有饥色,君过而遗先生食,先生不受,岂非命也哉? 御寇笑曰:君非自知我也。以人之言而遗我粟至,其罪我也。又且以人之言,此吾所以不受也。居一年,郑人杀子阳,其党皆死。御寇安然独全,终身不仕,著书八篇,言道家之意,号曰《列子》。①

列御寇谢绝郑国国相子阳赠粟等情节,早见于《庄子·杂篇·让王》。秦汉之际,吕不韦组织撰写的《吕氏春秋》对此也有描述,行文基本相同。皇甫谧摘引这个部分,主要是突出列御寇隐居不仕的风骨。

在道学笔触下,列御寇的形迹多有神奇处。例如《庄子·逍遥游》说:

夫列子御风而行,泠然善也,旬有五日而后反。彼于致福者,未数数然也。②

这里所谓“御”是驾驭、支配的意思;“御风而行”即控制着风而飞行;“泠然”,形容轻巧而放松。如此飞行达到了半个月才回返。列御寇为什么能够如此? 因为他不像人世间的凡人用尽各种手段去“致福”,而是有所超脱。《庄子·逍遥游》关于列子“御风而行”的故事虽然是要佐证“有待”非最高境界,但却提供了“特异列子”的形象,故而为后世所推崇,

① ［晋］皇甫谧:《高士传》卷中,《四部备要》第46册,中华书局1989年版,第11页下栏。
② ［清］郭庆藩:《庄子集释》第1册,王孝鱼点校,中华书局1961年版,第17页。

摘引此故事的文献颇多。唐代天宝四年(745),在特定的崇道环境下,朝廷敕封列御寇为"冲虚真人",足见列御寇在道教中具有很大影响。

在古文献中,不仅《庄子》等古典道家典籍有列御寇的形象描述,法家的著作也有涉及。如《韩非子·喻老》记载:

> 　　宋人有为其君以象为楮叶者,三年而成。丰杀茎柯,毫芒繁泽,乱之楮叶之中而不可别也。此人遂以功食禄于宋邦。列子闻之曰:"使天地三年而成一叶,则物之有叶者寡矣。"故不乘天地之资而载一人之身,不随道理之数而学一人之智,此皆一叶之行也。故冬耕之稼,后稷不能羡也;丰年大禾,臧获不能恶也。以一人力,则后稷不足;随自然,则臧获有余。故曰:"恃万物之自然而不敢为也。"①

这个故事的中心情节是宋人为国君做雕刻产品,材料是象牙,成果是楮叶。呈现出来的牙雕楮叶之宽狭、筋脉、绒毛、色泽与实际的楮叶太过相似,几乎到了可以以假乱真的状态,足见雕刻水平无与伦比。由于这项特异的技术造诣,这位宋人就在宋国当官了。针对这件事,列御寇评论说:如果自然界三年才长出一片叶子,那么叶子未免太少了。列御寇由此引申开来,批评那些倚靠人为智巧而荣耀的行为与宋人雕刻楮叶的性质完全一样。接着,列御寇从正反两个层面说明天道自然法则是无法由人力来改变的。譬如冬天种庄稼,即使人间奉若神明的后稷也不能使它多产;而丰年里旺盛的庄稼,奴仆也无法使它枯败。基于客观现实,列御寇最后以老子"顺应自然"的思想作结。《韩非子》的《喻老》篇虽然不是专门用于讲述列子的故事,但其个别描述却也呈现了列御寇遵循理性的一个侧面。

---

① [清]王先慎:《韩非子集解》,钟哲点校,中华书局1998年版,第165—166页。

二、《列子》其书真伪考辨

列子之书，最初名为《列子》，这种以人名为书名的情况，在先秦时期是普遍现象，至两汉以来亦多有延续。《汉书·艺文志》道家类著录《列子》八篇。班固标注：列子，"名圉寇，先庄子，庄子称之"。宋人孙奕撰《履斋示儿编》谓列子名"御寇"，前《艺文志》"作圉寇，圉音御"①，所谓"前《艺文志》"，即班固所撰《汉书·艺文志》。孙奕指出"圉"与"御"同，乃同音假借，故后世所称"列御寇"即班固著录之"圉寇"。

两汉至唐代，《列子》之传承，以张湛之注为主。至唐天宝四年（745），朝廷敕封列子为"冲虚真人"，北宋时期加封"至德"二字，故其书遂称《冲虚真经》或《冲虚至德真经》。关于《列子》的传本，除了张湛注本外，唐宋以来又陆续有笺注者。其中唐代有：魏徵撰《列子治要》、卢重玄撰《冲虚经解》、殷敬顺撰《冲虚至德真经释文》；宋代有：林希逸撰《冲虚至德真经鬳斋口义》、江遹撰《冲虚至德真经解》、宋徽宗撰《冲虚至德真经义解》、范致虚撰《冲虚至德真经注》、刘辰翁撰《冲虚真经评点》等；金元时期有：高守元撰《冲虚至德真经四解》、吴澄《列子解》；现代尚有杨伯峻撰《列子集释》等。

在唐宋以前，《列子》一书作为先秦道门古籍是被认可的。到了中唐时期，柳宗元作《辨列子》，对书中涉及的一些时间点提出疑问。柳氏称：

> 刘向古称博极群书，然其录《列子》独曰郑穆公时人。穆公在孔子前几百岁，《列子》书言郑国皆云子产、邓析，不知向何以言之如此？《史记》郑繻公二十四年，楚悼王四年，围郑。郑杀其相驷子阳，子阳正与列子同时。是岁周安王三年，秦惠王、韩列侯、赵武

---

① ［宋］孙奕：《履斋示儿编》卷十九，元刘氏学礼堂刻本。

侯二年,魏文侯二十七年,燕厘(詹按:僖公古文并用厘虚其切)公五年,齐康公七年,宋悼公六年,鲁穆公十年。不知向言鲁穆公时,遂误为郑耶? 不然,何乖错至如是? 其后,张湛徒知怪《列子》书言穆公后事,亦不能推知其时,然其书亦多增窜,非其实。要之,庄周为放依其辞,其称夏棘、狙公、纪渻(音省)子、季咸等,皆出《列子》,不可尽纪。虽不概于孔子道,然其虚泊寥阔,居乱世,远于利,祸不得逮乎身,而其心不穷。《易》之遁世无闷者,其近是欤? 余故取焉。其文辞类庄子,而尤质厚,少伪作,好文者可废耶? 其《杨朱》《力命》,疑其杨子书,其言魏牟、孔穿,皆出列子后,不可信。然观其辞,亦足通知古之多异术也。读焉者,慎取之而已矣。①

柳宗元《辨列子》,从刘向《列子叙录》入手,对照《列子》文本所言及的人物,指出刘向之"叙录"以列子为郑穆公时人,但《列子》书中讲述郑国事所关涉人物则有子产、邓析、子阳,彼此相差几百岁,故必有一误;而张湛注《列子》未能明察两者相互矛盾之处;再说,其中有些篇章如《杨朱》《力命》所涉魏牟与孔穿都是列子之后的人——言外之意,此类文字当属后人传抄窜入其中。

柳宗元根据历史事件、人物及其相互关系,对《列子》一书的有关内容提出疑问,可谓独具慧眼。此外,柳宗元明确表示《庄子》曾"放依其辞",因袭了《列子》书中关于季咸的情节,这实际上是肯定了《列子》的主体部分在《庄子》之前,此类文辞"尤质厚"。就总体而言,柳宗元虽然对其中的一些部分提出疑问,但并没有断定整部《列子》是"伪书"。他提醒后人读此书时应该"慎取",体现了求实的态度。

然而,自宋代的叶大庆开始,柳宗元对《列子》提出的疑问成为一条

---

① [唐]柳宗元:《诂训柳先生文集》卷四,[宋]韩醇注,文渊阁《四库全书》本。

导火线，许多人以此为起点而进一步推断《列子》是"伪书"。到了清代，此风愈演愈烈，时有姚际恒撰《古今伪书考》，除了就刘向《列子叙录》与《列子》正文所涉时代之抵牾予以凸显之外，又以司马迁不立列子传为"突破口"，指出《庄子》讲述的列子事迹不过是寓言，故而列子是否存在都是问题；再将其中的"西方圣人"指为佛学言辞。基于这些理由，姚际恒认为《庄子》与《列子》在内容上有类似之处，应该是《列子》因袭了《庄子》，而不是《庄子》采撷了《列子》。他批评说：

> 后人不察，咸以《列子》中有《庄子》，谓《庄子》用《列子》，不知实《列子》用《庄子》也。《庄子》之书，洸洋自恣，独有千古，岂蹈袭人作者？其为文，舒徐曼衍中仍寓拗折奇变，不可方物。《列子》则明媚近人，气脉降矣。又庄之叙事回环郁勃，不即了了，故为真古文；《列》之叙事，简净有法，是名作家耳！①

姚际恒推断《列子》在《庄子》之后的理由有两条：一是《庄子》的作者为文"洸洋自恣"。所谓"洸洋"本是形容水流漫无边际的样子，而"自恣"是说有独立的个性。"洸洋"与"自恣"连起来比喻其文章恣肆放纵。在姚际恒看来，《庄子》的作者是很有独立个性的人物，所以不可能因袭《列子》。二是《庄子》叙事"回环郁勃"，故为真古文；但《列子》叙事"简净有法"，故而其作者是"名作家"。照姚际恒的意思，"作家"是有意创作，"名作家"当然就更是以创作为目的了。《庄子》的作者不是"作家"，没有创作意图；而《列子》的作者既然是"名作家"，便会刻意构想，其特点是"明媚近人"，但比起《庄子》来，却是"气脉降矣"。姚际恒的分析看起来"头头是道"，但仅从文章作法上寻找"证据"，也只是推断而已。

姚际恒之后，另有姚姓学者姚振宗就此前对《列子》的种种质疑进行

---

① ［清］姚际恒：《古今伪书考》，清乾隆道光间长塘鲍氏刊本。

"反向质疑",他在《隋书经籍志考证》中指出:

> 然考《尸子·广泽》篇曰:"墨子贵兼,孔子贵公,皇子贵衷,田子贵均,列子贵虚,料子贵别。"圉"其学之相非也数世矣"。是当时实有列子,非庄周之寓名,又《穆天子传》出于晋太康中,为汉魏人之所未睹,而此书《周穆王》篇所叙驾八骏造父为御,至巨搜登昆仑见西王母于瑶池事,一一与传相合。此非刘向之时所能伪造,可信确为秦以前书,唯其书皆称"子列子曰",则决为传其学者所追记。其杂记列子后事,正如《庄子》记庄子死,《管子》称吴王西施,《商子》称秦孝公耳,不足为怪。张湛注书,于《天瑞》篇首所称"子列子"字,知为追记师言,而他篇复以载及后事为疑,未免不充其类矣。①

姚振宗有关《尸子》的引述,见于《尸子》卷上。这段文字自晋代以来一直受到关注,例如晋代郭璞注、宋代邢昺疏的《尔雅疏》卷一,宋代王应麟撰《汉艺文志考证》卷六以及《玉海》卷五十四艺文、《困学纪闻》卷八,明代胡爌撰《拾遗录》、徐元太撰《喻林》卷十六人事门,清代康有为撰《孔子改制考》卷五等诸多文献都征引了。这说明,晋唐以来,有一大批学者看到了在《尸子》中将列子与孔子等诸家代表人物并列的事实。另外,姚振宗特别对照了《穆天子传》与《列子》中关于周穆王至昆仑山见西王母的故事,指出两书所叙故事一一"相合",此绝非汉代刘向所能伪造。查《穆天子传》,知其出于汲冢。据荀勖所撰序言等文献史料可知:西晋武帝太康二年(281),汲县(今河南卫辉)之民盗掘了一座战国时期古墓,意外发现了一大批竹简,其中有《穆天子传》与《周穆王美人盛姬死事》,三国至西晋时的音律学家、文学家、藏书大家荀勖对上述文献进行了整理,将《周穆王美人盛姬死事》并入《穆天子传》中,校订为六卷。其后,郭璞为之作注,今见

---

① [清]姚振宗:《隋书经籍志考证》卷二十五·子部二,《师石山房丛书》本。

于《正统道藏》等丛书之中。足见穆天子见西王母的故事流传甚早,姚振宗以此切入,考证《列子》为"秦以前书",并非伪造。这是有根据的。

20世纪20年代以来,有关《列子》的真伪问题再度引起热烈讨论。先有陈文波撰《伪造列子者之一证》,发表于《清华大学学报》(自然科学版)第1期,认为《列子》一书是晋朝人杂凑多种古籍而成,但附和者几乎没有。到了20世纪80年代初期,关于《列子》"伪书说"再兴波澜。其中,比较有代表性的文章有:陈连庆撰《列子与佛经的因袭关系》,发表于《社会科学战线》1981年第1期,以为《列子》成书不出于公元342—386年间;振亚撰《从语言的运用角度对〈列子〉是托古伪书的论证》,发表于《四平师院学报》(哲学社会科学版)1982年第2期,认为《列子》并非先秦作品,而"确系伪作与赝品"①。张永言撰《从语汇史看〈列子〉的撰写时代》,载《季羡林教授八十华诞纪念论文集》上卷,江西人民出版社1991年版,后来作者进行修订,其修订版发表于《汉语史学报》2006年第6辑。马振亚撰《从词的运用上揭示〈列子〉伪书的真面目》,发表于《吉林大学社会科学学报》1995年第6期,指出《列子》中所使用的"兰""住""憾"三个字所传达出的词义实乃晋代以后才出现,由此推断该书乃东晋伪作。

2006年,管宗昌于《古籍整理研究学刊》第5期发表了《〈列子〉伪书说述评》,该文对《列子》"伪书说"的形成与发展的历程进行追溯,指出"伪书说"的证据大体上可以分为两大类:一是从《列子》作品的外围入手考察《列子》书,如"太史公不为列子立传","列子反映的是魏晋时的思想"等;二是从《列子》文本入手考察其文句、用语、具体名物制度等,得出其不属先秦的结论。该文作者分析"伪书说"的特点是:一是有几个关节性的问题反复为历代"伪书说"者沿用;二是历代"伪书说"在态度上和方法上有相近之处,许多伪书说论者存在先入为主的观念,即先认定《列子》为伪书,而后再搜罗"证据"支持其说,或直接没有任何证据和论证。

---

① 按:"赝品"即伪造之物,称之"伪作",又谓"赝品",同语反复,画蛇添足。

基于这种情况,管宗昌总结说:《列子》的真伪问题是一个由来已久的历史问题,就现今研究现状看,已经有许多学者认识到了历代伪书说存在的某些问题,但是仍然未能还其本真,真伪问题仍然是《列子》研究道路上一个巨大的障碍。这就需要我们在两个方面做出努力:一方面是认真分析甄别,以平实的态度、严谨的作风,力求还原其本真。面对《列子》一书存在的历史问题,应该静心加以梳理,而不应该踩在前人的脚印上简单地将《列子》一棍子打死或者简单地完全肯定,而应该进行认真分析甄别,从而启发我们对《列子》的辨析。① 这就是说,分析问题应该尊重事实,摒弃门户之见与"判教心态",方可了解历史真相。

如果进一步检索一下 1982 年之后的相关论著,就会发现驳斥《列子》是"伪书"的声音越来越强。先有罗漫撰《〈列子〉不伪和当代辩伪学的新思维》,发表于《贵州社会科学》1989 年第 2 期,文章就一些学者判定《列子》"伪书"的证据予以驳正。另有马达,先后撰写了多篇文章,批驳"伪书说",其中包括:《〈列子〉"辨伪文字辑略"匡正》,发表于《衡阳师专学报》(社会科学)1995 年第 2 期;《魏文不信火浣布〈列子〉真伪》,发表于《常州工业技术学院学报》(社会科学版)1995 年第 3 期;《从汉语史的角度论〈列子〉非魏晋人所伪作(上)》发表于《枣庄师专学报》1996 年第 2 期;《〈仲尼篇〉言西方圣人与〈列子〉真伪》,发表于《常州工业技术学院学报》(社会科学版)1996 年第 3 期;《对清代关于〈列子〉辨伪的匡正》,发表于《衡阳师专学报》(社会科学)1996 年第 5 期;《论〈列子〉非张湛所伪作》,发表于《湖南教育学院学报》1997 年第 1 期;《〈列子〉与〈周易乾凿度〉——马叙伦〈列子伪书考〉匡正之一》,发表于《常州工业技术学院学报》(社会科学版)1997 年第 1 期;《刘向〈列子叙录〉非伪作》,发表于《河南大学学报》(社会科学版)2000 年第 1 期;《从寓言文学史的角度论证〈列子〉非魏晋人伪作》,发表于《常州工业技术学院学报》2000 年第 3

---

① 管宗昌:《〈列子〉伪书说述评》,《古籍整理研究学刊》2006 年第 5 期。

期。由于常年探索积累，马达在原有论文发表基础上，写成专著——《〈列子〉真伪考辨》，凡 37 万字，由北京出版社于 2000 年 12 月出版。当然，除了马达之外，尚有多人也陆续撰文佐证《列子》非伪书。例如权光镐撰《从语言文字方面看〈列子〉真伪问题——对〈列子〉是魏晋人伪作观点的质疑》，发表于《山西大学学报》（哲学社会科学版）2002 年第 4 期。

梳理唐宋以来至 21 世纪前 10 年正反两方面的考据论著，笔者得出几点初步认识。第一，汉代刘向作为最早整理《列子》的学者，其所撰写的《列子叙录》尽管因为涉及"郑穆公"时代不确而引起质疑，但整篇文脉一贯，与刘向其他著作具有同样的风格，魏晋以来征引其《叙录》者并未改变其内容，可证刘向是亲睹《列子》而作《叙录》，他对于《列子》的著录是可信的。第二，关于《庄子》等书内容与《列子》有某些雷同之处，这无法证明《列子》是"伪书"，因为那些雷同之处所叙述或论说的往往是那个时代的突出事件或者人们比较关注的问题，在没有著作权意识、版权规定的社会文化背景下，不同作者共同讲述一个事件，这是完全允许的，也是文化传承的需要。第三，从语词的时代性入手分析虽然是一种方法，也可能找到某些"证伪"的语料证据，但撰写文章的人由于时代条件所限大多不能穷尽所有语料，故而以片面的证据支撑论点实际上是靠不住的，当地下发掘出的先秦竹简已经使用与《列子》一样的语词时，就显露出轻易断定《列子》使用了魏晋以后语词的说法苍白无力了。第四，由于时代久远，后人传抄整理《列子》，可能变动了《列子》行文的某些表达，但就总体而言，列子先于庄子、《列子》在《庄子》之前，这个汉代确立的说法经过了风风雨雨的考验依然彰显着它的实在性。

三、《列子》的主题思想与艺术审美特质

关于列子的著作，按照魏晋以前的习惯，乃称其书为《列子》。按章

节顺序,该书分为:《天瑞》《黄帝》《周穆王》《仲尼》《汤问》《力命》《杨朱》《说符》,凡八篇。每一篇的结构与议题推进都是深思熟虑的,展示了特有的艺术感染力,可谓独具匠心。

关于《列子》的思想价值、艺术表现手法,近30多年来,学术界发表了不少文章。有的从宇宙论、人生观方面进行解读,有的从用语措辞角度考察,有的从人物形象角度探讨,有的从表现手法方面分析,展示了颇为可观的成果。

如何看待《列子》的价值? 笔者认为有两点尤其值得注意:第一,回归该书的问世时代,这是认识其价值的前提。因为只有回归于《列子》问世时代,才能从文化背景上弄清其真实面貌。第二,将主题思想与艺术表现手法结合起来考察,有助于综合评估其价值。因为艺术表现手法是服从主题思想的,只有结合起来考察才能进行整体把握。基于以上两点认知,笔者以为可以从以下四个层面来概括该书的思想艺术价值。

(一) 体系架构的象数底蕴

《列子》作为道家学派的重要经典著作,它的整个理论体系当然在于传承此前道家思想体系并发扬光大。对此,宋代陆九渊有一段评说,他在《常胜之道曰柔》一文中指出:

> 御寇之学,得之于老氏者也。老氏驾善胜之说于不争,而御寇托常胜之道于柔,其致一也。是虽圣学之异端,君子所不取;然其为学,固有见乎无死之说,而其为术,又有得于翕张取予之妙。殆未可以浅见窥也。①

陆九渊是站在儒家判教立场来评述列御寇的,他将列御寇的学问看

---

① [宋]陆九渊:《象山先生全集》卷三十,《四部丛刊》影明嘉靖本。

作"圣学之异端"。这从学派分野角度看是不足为奇的。陆九渊本是宋代儒家心学派代表，当然不可能像道家人物那样尊崇道家经典。不过，他在道家传承方面的介绍也有可取之处。其中，有三点值得注意：第一，指出了列御寇之学出自老氏，比较客观地彰显了道家学脉；第二，概括列御寇的学说要领在于一个"柔"字，为后人理解《列子》提供了一个参照；第三，认为列御寇之学并非"浅见"，言外之意是有其深奥之处。从这三个方面入手来把握《列子》的主题思想以及相应的艺术表现手法，这是可行的路径。

回归到文本上来，列御寇著作从《列子》之名到《冲虚真经》，虽然没有本质变化，但却体现了自唐代开始人们对该书主题思想认知的一种定位。顾名思义，《冲虚真经》的核心精神在于"冲虚"两个字。"冲"之为义，出自老子《道德经》第四十二章"冲气以为和"，所谓"冲气"即中和之气，后世道教所言"五气朝元"，会之于中，守中以为和，当由此而出。所谓"虚"即老子《道德经》第十六章所言"致虚极，守静笃"，即持静修养之道。晋代张湛序《列子》书云：

> 其书大略，明群有以至虚为宗，万品以终灭为验，神慧以凝寂常全。想念以着物，自丧生，觉与化梦等情，巨细不限一域，穷达无假智力，理身贵于肆任。顺性则所之皆适，水火可蹈；忘怀则无幽不照，此其旨也。①

所谓"群有"就是万物，而"宗"本指祖庙，引申则为源头、本根。"至虚为宗"即是讲《列子》乃以"至虚"为思想大旨。"至虚"是什么？就是大道，因为大道混沌，不可直接目见、耳听，所以用"至虚"来形容。由此

---

① ［金］高守元：《冲虚至德真经四解》卷一，《道藏》，文物出版社、天津古籍出版社、上海书店1988年影印版，第15册，第2页。本文下引《道藏》版本同此。

生发开来,《列子》形成了以"冲虚之道"为核心概念的生命本根论、宇宙生成论、修身治世论等等。这一切论说归结起来,旨在引导修行者任其自然,顺性忘怀,入于生命的本真境界。

正如章学诚《文史通义·诗教上》所指出的:"诸子之为书,其持之有故而言之成理者,必有得于道体之一端,而后乃能恣肆其说,以成一家之言也。"①照章学诚的看法,诸子之学之所以能够"成一家之言",都在于能够得"道体之一端"。以此看道家,他指出了《老子》学说本于阴阳,而《庄子》《列子》寓言假象,都出自"易教"②。所谓"易教",就是《易经》学说的教化。《易经》以象数为本,发而为义理之学。"象数"的最大特点就是符号象征;卦象是符号,对应于符号的数字代码,同样具有符号功能。由象可知数,由数可演象,以此为基础而阐发思想。这种表征方式为道家所乐用。老子之后,列子、庄子,推而广之。从这个角度看列子之言说,即可发现《列子》妙趣横生的特质所在了。

翻开《列子》首篇《天瑞第一》,我们即可看到一段假借《易经》象数以推演宇宙发生过程的描述:

　　子列子曰:昔者圣人因阴阳以统天地。夫有形者生于无形,则天地安从生。故曰:有太易,有太初,有太始,有太素。太易者,未见气也;太初者,气之始也;太始者,形之始也;太素者,质之始也。气、形、质具而未相离,故曰浑沦。浑沦者,言万物相浑沦而未相离也。视之不见,听之不闻,循之不得,故曰易也。易无形埒。易变而为一,一变而为七,七变而为九。九变者究也,乃复变而为一。一者形变之始也,清轻者上为天,浊重者下为地,冲和气者为人,故天地含精,万物化生。③

---

① [清]章学诚:《文史通义》内篇一,嘉业堂章氏遗书本。
② [清]章学诚:《文史通义》内篇一,嘉业堂章氏遗书本。
③ [金]高守元:《冲虚至德真经四解》卷一,《道藏》第15册,第7—9页。

这段话以"子列子"开言,表明是列御寇的思想主张。其内容是描述天地演化的过程。按照《列子》的构想,天地宇宙从混沌无形到有形,经历了太易、太初、太始、太素四个阶段。这四个阶段,转换为易学模式,就有"一"至"九"的数字表征。对此,唐代道教学者卢重玄解释说:"一、三、五、七、九,阳之数也;极则反一,运行无穷。《易》曰:本乎天者亲上,本乎地者亲下。亲下者,草木之类是也;亲上者,含识之类是也。故动物有神,植物无识。无识者,为气所变;有神者,为识所迁。故云太易、太初,以至浑沦,言气之渐也。其中精粹者,谓之为神,神气精微者,为贤、为圣,神气杂浊者,为凡为愚,乃至含生差别,则多品矣。"①从卢重玄的解释可知,"数"也是一种重要的表征,从中可以看出阴阳转换和事物发展的回环反复。由数可以得象,由象可以回数,象数相生,推演无穷,于是一物的象征延伸出多物的象征,以至于形成一个象征比拟的符号系统。在这个系统中,植物、动物、河流、山石也都充满灵性,以生生不息的能量活跃起来,尤其是其寓言故事,更是充满这种气息。

(二) 寓言故事的生命智慧

"寓言"的说法首见于《庄子·杂篇·寓言》。其中有云"寓言十九"②,《天下》又说"以寓言为广"③。什么是寓言呢?唐代的著名道教学者成玄英注疏说:"寓,寄也。世人愚迷,妄为猜忌,闻道己说,则起嫌疑。寄之他人,则十言而信九矣。故鸿蒙、云将、肩吾、连叔之类,皆寓言耳。"④清人王先谦注曰:"寓言,寄寓之言,十居其九,意在此而言寄于彼。"⑤根据这些解释,可知所谓寓言,就是借助他人之口、他事来寄托个人的立场、观点、看法。

① [金]高守元:《冲虚至德真经四解》卷一,《道藏》第15册,第9页。
② [唐]成玄英:《南华真经注疏》卷九,《古逸丛书》影宋本。
③ [唐]成玄英:《南华真经注疏》卷十,《古逸丛书》影宋本。
④ [唐]成玄英:《南华真经注疏》卷九,《古逸丛书》影宋本。
⑤ [清]王先谦:《庄子集解》,中华书局1987年版,第164页。

"寓言"这个概念虽然首出于《庄子》,但实际上在此之前的《列子》,早已使用了寓言笔法,例如"齐人攫金""夸父逐日""杨朱过宋""力命争功"等,充满奇特想象,读之而有别开生面之感。

《列子》寓言,并非纯粹为了娱乐而讲故事,而是通过生动有趣的情节寄托深刻的道理。从宇宙发生的本原到社会治理,从人与自然的关系到修道方法论,涉及的领域非常之广。其中,尤其值得注意的是生命智慧,这一点在该书首篇《天瑞》中就有所表现了。该篇一开始讲述:郑国发生饥荒,列子准备到卫国去,学生们请先生留点教诲。列子并没有说教,而是引述壶丘子林的话说:

> 有生不生,有化不化。不生者能生生,不化者能化化。生者不能不生,化者不能不化,故常生常化。常生常化者,无时不生,无时不化。阴阳尔,四时尔,不生者疑独,不化者往复。其际不可终,疑独其道不可穷。[1]

壶丘子林围绕生死问题展开言说,他把事物分成两类,一类是有生有死有变化的存在,另一类是无生无死无变化的存在。第一类事物,因为自身有生死、有变化,所以不能生成其他事物,也不能使其他事物发生变化。这个说法前半部分是正确的,但后半部分却非绝对真理,关键在于如何理解"变化"。如果把外貌、结构的变形也看作变化,那么有生有死有变化的事物是可以促使他物发生变化的。《列子》这样说显然是为了强调无生死变化的事物之伟大。在《列子》看来,有生有死的具体事物无时无刻不在变化之中,唯有无生死变化的事物可以循环往复,这种可以循环往复的存在是什么呢?《列子·天瑞》在这里并没有直接回答,而是引出了《黄帝书》加以佐证:"谷神不死,是谓玄牝。玄牝之门,是谓天

---

[1]　[金]高守元:《冲虚至德真经四解》卷一,《道藏》第15册,第5页。

地之根。绵绵若存，用之不勤。"这一段话也出自老子《道德经》第六章，可见老子立论是有所传承。关于"谷神"与"玄牝"，前人大多认为是喻示那个生化万物的"道"，《列子·天瑞》对无生无死无变化的描述实际上也是对"道"的说明。不过，作者在这个问题上不是直接论说，而是通过壶丘子林来讲述，这种借助前辈之言进行论说的方式充分体现了寓言的特点。其中所寄托的精神是：生命的形式多彩多姿，具体的生命虽然有长短之别，但都是有期限的；唯有大道没有期限，具有永恒性。由此，我们可以为上述寓言故事取一个名称——壶丘子论生死。

在《列子·天瑞》中，"壶丘子论生死"只是其寓言故事的开端。为了阐述生命见解，《天瑞》篇紧接着又通过百岁骷髅、荣启期鼓琴而歌、孔子见林类、杞人忧天、向国氏论致富等寓言，从不同侧面阐发作者的生死观与人生观。其中，百岁骷髅的故事是见象说理，旨在揭示物种都有出生与复归的机关，列子认为看清楚这个机关，就明白了死亡其实就是返回出生前的极点；荣启期鼓琴而歌的故事是触类旁通，旨在告知人生在世如何感受快乐、坦然面对生死、宽慰自己；孔子见林类的故事是因人设喻，旨在说明死亡与出生，不过是一去一回，所以不必为死亡而忧愁；杞人忧天是处境论事，旨在阐发人在境遇中其心不可随境而动的道理；向国氏论致富的故事是转借喻道，旨在叙说获取资源维持生命的公道。这些寓言初看起来似乎彼此不相干，但稍作推敲即可发现它们都是围绕生死问题展开的。

《天瑞》篇善于运用寓言，其他各篇也不例外。如《黄帝》篇的梦游华胥氏之国的故事，由黄帝在位十五年、百姓拥戴的情景入手，陈述黄帝因为娱乐耳目致使皮肤焦枯得病，此后退居外庭，白日入梦，他神游华胥氏之国，看到那里的人们日出而作、日落而息，从而悟出了"至道不可以情求"的道理。《周穆王》篇，写西方某国有幻化之人来到中国，因其具有翻转山河、移动城市等神奇本领而受到周穆王的特别礼敬，化人带着周穆王腾云驾雾,遨游天上神宫,体验了人间社会以外的别种生命情趣。《仲尼》篇乐天知命的故事,写孔子与颜回讨论天命与何为快乐的问题。《汤问》篇汤问夏革的故事,以商汤请教夏革关于太古之初、天地四方、事物大小等问题为开端,引出了愚公移山、夸父追日、两小儿辩日、扁鹊换心、匏巴弹琴等故事,展开连环情节。《力命》篇力命辩说的故事,通过对"力"与"命"的拟人化抒写,对世间的寿夭、穷达、贵贱、贫富诸问题展开讨论,指出天命本身并不具备判断是非、主持公正的独立意志,也不怀有任何赏善罚恶的目的,它总是"昂知所以然而然",所以人生在世不要企图去进行人为的控制,而应该委身于自然,因势而利导。《杨朱》篇的杨子达生之说,通过管仲、日恒、尧、舜、伯夷、叔齐等人的不同遭际,证明社会上存在着种种"实名贫,伪名富"的不公平现象,指出所谓贵己乐生并非贪生怕死,而在于能否全性保真,所谓全性就是不因外物伤生,所谓保真就是保持自然所赋予我身的真性。《说符》篇通过子列子学射、玉雕楮叶、晋文公出会、郄雍看相识盗等系列故事,暗示人道必须符合天道的义理。

　　《列子》的寓言故事生动有趣,善于把对话与动作描写结合起来,以塑造人物形象。例如《仲尼》篇有如此一段:

　　　　仲尼闲居,子贡入侍,而有忧色。子贡不敢问,出告颜回。颜回援琴而歌。孔子闻之,果召回入,问曰:"若奚独乐?"回曰:"夫子奚独忧?"孔子曰:"先言尔志。"曰:"吾昔闻之夫子曰:'乐天知命故不忧。'回所以乐也。"孔子愀然有间,曰:"有是言哉?汝之意失矣。此吾昔日之言尔,请以今言为正也。汝徒知乐天知命之无忧,未知乐天知命有忧之大也。今告若其实:修一身,任穷达,知去来之非我,亡变乱于心虑,尔之所谓乐天知命之无忧也。曩吾修《诗》《书》,正《礼》《乐》,将以治天下,遗来世,非但修一身、治鲁

国而已。而鲁之君臣日失其序，仁义益衰，情性益薄。此道不行一
国与当年，其如天下与来世矣？吾始知《诗》《书》《礼》《乐》无救
于治乱，而未知所以革之之方。此乐天知命者之所忧。虽然，吾得
之矣。夫乐而知者，非古人之谓所乐知也。无乐无知，是真乐真
知，故无所不乐，无所不知，无所不忧，无所不为。《诗》《书》《礼》
《乐》，何弃之有？革之何为？"颜回北面拜手曰："回亦得之矣。"出
告子贡。子贡茫然自失，归家淫思七日，不寝不食，以至骨立。颜
回重往喻之，乃反丘门，弦歌诵书，终身不辍。①

　　这一段的核心是讨论什么是"乐天知命"。起因是孔子在家闲坐，子
贡入内侍候，却见孔子面带忧色。或许是由于老师的威严，抑或因为学
生对老师的敬重，子贡不敢直接问老师何以忧愁，便走到外面对同学颜
回讲起自己面见老师的情形。颜回不慌不忙，鼓琴而歌，这实际上是向
老师发出一个信号：眼下自己不但不忧愁，而且很快乐。颜回的举动引
起了孔子的注意，于是就把颜回召进内室。一场对话就这样开始。经过
询问，了解了颜回鼓琴而歌的缘由时，孔子很有针对性地诠释了什么才
是真正的"乐天知命"。他指出："乐天知命"而无忧，这只是问题的一个
方面，其实还有另一个方面，即乐天知命也会有忧，比如力图以《诗》《书》
《礼》《乐》来修身治世，但方案却不能得到国君的采纳和重视，这就是令
人忧愁的地方。不过，即便如此，也不必放弃《诗》《书》《礼》《乐》的研
修，只要调整心态，在精神世界里达到"无乐无知"，就能够达到"真乐真
知"。在《列子·仲尼》篇里，孔子的形象可以说与《论语》等书所见那种
执着于践履仁义礼智信的情状大相径庭。如果说，《论语》中呈现的孔子
基本上是"有为"的形象，那么《列子·仲尼》篇此处关于"无乐无知"的
论说则与老子《道德经》"道常无为而无不为"的精神相吻合，体现了列子

---

① ［宋］江遹：《冲虚至德真经解》卷七，《道藏》第14册，第843—844页。

传承老子"悟道"与"合道"的修养境界。

（三）大开大合的审美情趣

《列子》不仅善于使用寓言阐述哲理，寄托深邃的生命大智慧，而且塑造了众多栩栩如生的人物形象。透过其寓言的丰富情节和人物形象，我们可以感受到高扬生命大智慧的审美情趣。

宋代著名学者陈景元在《列子冲虚至德真经释文序》中赞扬该书"辞旨纵横，若木叶干壳；乘风东西，飘飘乎天地之间，无所不至"①。所谓"辞旨纵横"形容其思路开阔，上下交错；而"木叶干壳"则形容言辞洗练，没有水分；至于"乘风东西"则进一步表征作者的豪放不羁，想象奇特，没有限制。明代屠隆在其《文论》中也评价说："《庄》《列》之文，播弄恣肆，鼓舞六合，如列缺乘踽焉，光怪变幻，能使人骨惊神悚，亦天下之奇作也。譬之大造寥廓清旷、风日熙明，时固然也；而飘风震雷、扬沙走石，以动威万物，亦岂可少哉？"②文中所谓"六合"即上下四方，泛指天地宇宙，"鼓舞六合"表示其文纵横驰骋，犹如闪电光影呈现怪兽奔跑的样态，故而变幻莫测，令观者毛骨悚然。屠隆的话并非专门评论《列子》的，他将《庄》与《列》合而言之，让我们可以看到彼此的艺术创作共性之关联。接着屠隆的话，蒲松龄在《庄列选略小引》中做了归纳："其文汪洋恣肆，诚足沾溉后学。"③所谓"汪洋"形容文章若海洋，气势壮阔，波澜起伏；而"恣肆"则形容写作时酣畅淋漓地肆意发挥。作为小说家，蒲松龄对道家先驱文章风格的点评可谓把握住了关键。

将以上三人的评论进行概括，笔者以为可以用"大开大合"四个字来形容《冲虚真经》的文章气势与审美风格。所谓"大开"是讲作者将想象发挥到了极致，而"大合"是讲作者的想象能放能收。本来"开合"就是事

---

①　[唐]殷敬顺：《列子冲虚至德真经释文序》，[宋]陈景元补遗，《道藏》第15册，第162页。
②　[明]屠隆：《由拳集》卷二十三《杂著》，明万历刻本。
③　[清]蒲松龄：《聊斋文集》卷二，清道光二十九年邢祖格钞本。

物存在的基本方式,两者不可分离。如果只会"开"而不能"合",就像风筝放出去而收不回来;如果只有"合"而没有"开",那就是静止状态,展示不出生命的张力。有"开"有"合",大开大合,这才造就了艺术的壮阔之美、生机之美。

首先,从篇章布局来看,《列子》八篇形成了自洽的开合审美空间。"自洽"这个概念最早见于《宋书》卷六十四《列传第二十四裴松之》:"是以文思在躬,则时雍自洽;礼行江汉,而美化斯远。"①意思是讲:脑子里有了文脉思路,写作时就能够达到熙和圆满的效果;礼仪在江汉一带传播,审美文化就可以持续存在。到了近现代,人们把"自洽"用于科学理论的建构,指的是按照自身的逻辑推演,构成了完整有序的理论体系。《列子》虽然不是专门的科学著作,但其篇章结构也具有自洽性。之所以如此,是因为其谋篇布局不仅能开能合,而且呼应得当,顺理成章。首篇《天瑞》,以列子居于郑圃为肇始,通过列子与学生的对话,引出了"生死变化"这一生命哲学的基本论题。紧接着,通过一系列寓言故事,呈现出大道运化的各种瑞象,以象寄数,以瑞蕴道,这就是所谓的"天瑞"。以"天瑞"为名,展示天地之间攸关生死存亡的各种兆象,这是生命主题论说的初开。此后的《黄帝》《周穆王》《仲尼》《力命》从不同侧面进一步展示生命的过程性、关联性、转化性。末篇《说符》由"开"而"合",旨在揭示"道"与人事相互应验的义理,而生命的价值就在这种符应过程中体现出来。通过一系列的符应,证明世事无常,祸福相倚,看似无关的现象背后实际上存在着由来已久的缘由。唯有舍末明本,"归同反一"②,因名求实,得其髓而弃其粗,才能一睹天道与人事之间的绝妙天机。把握了天机,也就找到了升华生命境界的金钥匙。

其次,从各篇故事的推进来看,《列子》的叙说同样也是开合自洽,故

① [南朝宋]沈约:《宋书》卷六十四《列传第二十四裴松之》,清乾隆武英殿刻本。
② [宋]江通:《冲虚至德真经解》卷二十《说符下》,《道藏》第14册,第899页。

而形成了别具一格的空间层次。例如《黄帝》篇，以黄帝梦游为"开"，展示华胥氏之国的自然与社会场景，指出该国"在弇州之西、台州之北，不知斯齐国几千万里，盖非舟车足力之所及，神游而已"[①]。对于其中的"西北"方位，江遹注释说："西北为天地之奥、内照之元门，故托以华胥氏之国所在。虽强为之名，而寓之于方实，非方之所能制，数之所能拘。"[②]西北方位为什么是"天地之奥、内照之元门"？原来，在《周易》"文王八卦"系统中，西北为乾卦之位，《周易·乾卦》之《彖》谓："大哉乾元，万物资始，乃统天。云行雨施，品物流形。大明始终，六位时成，时乘六龙以御天。乾道变化，各正性命。保合大和，乃利贞。首出庶物，万国咸宁。"《周易》以乾卦为六十四卦之首，故有"乾元"之赞。《列子》写黄帝之梦，以西北隐喻天地奥妙，旨在暗示读者循着乾元之门，进入大道自然的天地。在这个世界中，"其国无师长，自然而已。其民无嗜欲，自然而已。不知乐生，不知恶死，故无夭殇；不知亲己，不知疏物，故无爱憎；不知背逆，不知向顺，故无利害。都无所爱惜，都无所畏忌。入水不溺，入火不热。斫挞无伤痛，指擿无痟痒。乘空如履实，寝虚若处床。云雾不硋其视，雷霆不乱其听，美恶不滑其心，山谷不踬其步，神行而已"[③]。国中无师长，其民无嗜欲，一切都是自然而然，所以能够将生死置之度外，排除了情绪、利害、善恶、顺逆的干扰，所以能够激发出生命的特异功能。从梦境的描述中，我们不难看出，《列子》的确善于开启生命存在的玄妙空间。

　　接续华胥之梦的精神空间，《列子》又通过"列姑射神人""列子为伯昏瞀人射"以及"范氏子华"等故事，印证聚精会神可以通道、至诚至信可以感物的义理。最终，通过惠盎拜见宋康王时的雄辩以佐证黄帝清静无为的治道。当惠盎拜见宋康王时，宋康王顿足咳嗽，相当傲慢，他粗暴地

① ［宋］江遹：《冲虚至德真经解》卷三《黄帝》，《道藏》第 14 册，第 816 页。
② ［宋］江遹：《冲虚至德真经解》卷三《黄帝》，《道藏》第 14 册，第 816 页。
③ ［宋］江遹：《冲虚至德真经解》卷三《黄帝》，《道藏》第 14 册，第 816 页。

说自己喜欢勇武，而不喜欢仁义。面对宋康王的傲慢无礼，惠盎推出能够胜于勇武的神器，这种神器有多层的表现形态，每一层次的形态都比前一种形态具有更为高超的功能，而最后落实到营造"安利"的社会环境，所谓"安"就是天下太平，所谓"利"就是为天下百姓谋利益，如此则天下百姓安居乐业。这种体顺民心、任物之性的逻辑与黄帝梦游华胥氏之国时所领悟的"至道不可以情求"的道理相一致。从这个角度看，惠盎拜见宋康王时的讲论，乃是对华胥之梦所寄托的自然无为之道的呼应，彰显了由"开"而"合"的自洽精神逻辑。

《列子》由开而合的谋篇布局手法所造就的大开大合的叙事空间，彰显了辽阔与虚空相统一的艺术审美境界。一方面，《列子》造就的艺术空间是辽阔的，各种事物汇聚于这个辽阔的艺术空间，多彩多姿，它们或前或后，或高或低，交错成为一个万象森罗的宇宙，展示了空间的无限绵延之美；另一方面，《列子》以自我生命把握为修持目标，以"冲虚"为大美的艺术境界。无论是整本书，还是一个具体故事，《列子》的讲述都围绕一个共同的主题，这就是自我生命的把握。依照道学的生命发生论，宇宙间一切生命都起源于"道"。不过，"道"与生命的关系并非像家庭成员一样，彼此朝夕相处。大道无形而恒久，生命具形而有终。自我生命要与"道"相合，就得做减法，破除"我执"，清除私欲，包括忘生死、忘形骸等一系列的精神操持。这些都是为了进入虚静与空灵的状态，唯有在这个状态才能感通大道。从这个角度看，"冲虚"既是《列子》生命修持的总法门，也是《列子》一书的最高审美境界。在这个审美空间里，生命顺应着春夏秋冬的自然节律，因此是有节奏的，生命的节奏彰显了审美空间的自然节律，时间的展开，形成了起承转合，于是使得审美空间具有了音乐的特质。每一个故事片段、每一种事物的出场，前后交替，有序的流程逐步展示出艺术审美空间的壮阔。此可谓冲虚感道、冲虚显道、冲虚集道、冲虚美道。因为冲虚而真正认识了自我，也因为冲虚而升华了空间审美境界。

参考文献

1. 管宗昌:《〈列子〉伪书说述评》,《古籍整理研究学刊》2006 年第5 期。

2. 王保国、王淏:《〈列子〉真伪之辨与〈列子〉认知的重建》,《中州学刊》2020 年第 8 期。

（责任编辑:展　言）

《占察经》的心性论及大乘道次第

陈　兵[*]

摘要：《占察经》全称《占察善恶业报经》，为大乘地藏三经之一，属于如来藏系的心性论，称地藏菩萨针对末世对佛法钝根少信的众生，说能令其生起净信之法，令其建立信解所依的理论。经中对大乘道所依"一实境界"——心性，做了详切的论证，并开示了依本来清净的心性修持菩萨道的次第及具体方法，是中国化佛学"真常心性论"的重要经典。

关键词：《占察经》　心性论　大乘道次第

古印度大乘佛学有三大系，最先流传的是中观学，也叫空宗；之后流传唯识学，也叫相宗、有宗。这两系在印度大寺院里先后占了主导地位。另外还有一个如来藏系，或称性宗，有几种经论，但在大寺院里从未能占到主导地位。如来藏系传到中国以后，因为最适应本土传统文化，成为中国大多数宗派特别是所谓"中国化佛教"的理论基础。

近现代学术界的一些学者及佛教界的一些僧俗对中国的如来藏学颇有批判，认为天台、华严、禅宗、密宗等宣扬的如来藏说，是佛教受印度

* 陈兵，四川大学宗教所研究员、博士生导师，主要从事佛教思想、禅定学、近现代佛教等相关领域研究。

教"梵我一如"思想影响的产物。支那内学院欧阳竟无、吕澂师徒从唯识今学出发,批评如来藏思想非纯正佛法,曾就如来藏学经论《楞严经》《大乘起信论》的真伪问题与维护如来藏学的太虚一系进行过学术辩论。日本学术界对如来藏学的批判更为激烈,当代的"批判佛教"极力论证如来藏说并非佛法,中国学者对此有所回应。如来藏说是否为纯正佛法,直到今天,仍然是大乘佛学界争议的重大理论问题。

如来藏学讲一切众生皆悉本具如来藏、佛性,都会成佛,中国诸宗更多直指如来藏即是众生的心性,称为自性清净心、真心等。印顺法师称之为"真常唯心论",认为它是中国土产,不符合印度经论。① 如来藏即是众生心性、真心的说法,在大乘经典中讲得很明白的确实不多,其中讲得最明白的是《楞严经》。这个经自唐代译出后,就有人质疑,吕澂发表有《楞严百伪》②一文论证此经为伪。他认为印度经论中的心性论只是"性寂",即心性本来空、寂静,而中国诸宗的心性论是"性觉",即心性本来具足佛的觉性,甚至可以说众生本来是佛。这并不符合印度经论。吕澂的这种说法,否定了中国传统诸宗之学的核心,引起争议,当代学者也有对其说进行批判者。

实际上,真常心论并非中国人独创,完全来自印度。西藏佛教界相传:印度佛教分两大派,一为班智达即法师派,群居于大寺院,重视佛学义理的闻思,其学基本为中观、唯识;另一派为古萨里,意为乞士,重视实修,多个体隐修于山林,或游走于村落,行"头陀"苦行,该派之人重在实修,其见地多属如来藏真常心,后期多修密法。禅宗初祖菩提达摩,据说即属古萨里派。藏传佛教宁玛、萨迦、噶举等派密法的理论基础,实际上属于如来藏系,与汉传诸宗的真常心论如出一辙,绝非传自汉地。西藏毗邻印度,后弘期翻过喜马拉雅山去印度留学的人不少,他们所讲的应

---

① 印顺:《印度佛教思想史》,《印顺法师佛学著作集》第 34 册,CBETA 电子佛典集成,2022 年,第 283—319 页。
② 吕澂:《吕澂佛学论著选集》卷一,齐鲁书社 1991 年版,第 370—395 页。

是实情。中国古代赴印度求法者,一般都在大寺院里学习,对于隐修山林、为数不多且没有名气的古萨里派可能不大了解,这应是一些人说真常心论乃中国土产的一个重要原因。

讲真常心的大乘佛经虽然不多,但也并非仅有《楞严经》一经,其思想可溯源于有大乘"经中之王"之称的《华严经》。此外,也还有一些经讲真常心,其中说得最清楚、论证最有力的,要算《占察经》了。

《占察经》全称《占察善恶业报经》,隋朝天竺三藏菩提灯(公元589—618)译,两卷。经题附注"出《六根聚经》中"。六根聚,意谓此经的主题是说眼、耳、鼻、舌、身、意六根的集合。《占察经》是此经的一部分,全经无汉译本。佛经,大部分都是释迦牟尼佛应请而说,《占察经》的主要内容则是地藏菩萨所说。地藏菩萨不是一个历史人物,在大乘经中出现也较晚。

《占察经》开首说:"一时,佛在王舍城耆阇崛山(灵鹫山),先以神通力示现了一个广博严净的无碍道场,然后演说'深根聚法门',即入眼等六根实相的甚深法门。"这时,法会中有位坚净信菩萨请教佛。坚净信,意谓此菩萨的特点是对佛法的信仰非常坚定。而这个经的主题,就是要使人达到坚净信。佛没有直接回答坚净信菩萨的提问,让他请教地藏菩萨。

坚净信菩萨请教的问题是:佛在此前曾经有预言,说佛灭度后,正法、像法也先后灭尽,将转入末世的末法时期。那时灾害频繁,众生被种种厄难逼迫扰恼,忧愁恐惧,唯念衣食,丧失善念,贪瞋嫉慢等烦恼增长,心常怯弱,于佛法钝根少信,得道者极少。即便有修相似善法者,也以求世间名闻利养为主,不能专心修出世间法。乃至对三乘佛法成就信心者,也渐渐稀少,修学世间禅定、发神通者逐渐绝迹。如此转入末法时期,久久修行能获得禅定神通等成就者,将无一人。今天是想请问佛,当像法将尽及末法时期,应该以何等方便化导开示众生,让那些可悲的众生能对佛法生起信心，得以除灭忧怖烦恼。

坚净信菩萨所举佛预言的这些情况，早就发生了，可能是当时印度佛教界就已存在的现象，今天更为严重。这个经，可以说是专门为末法时代的众生请问的，非常适应近现代佛教徒的需要。但坚净信菩萨还不大信任地藏菩萨。佛于是给他说：除过文殊跟观音这两大菩萨，在场的所有菩萨都不及地藏菩萨，地藏菩萨于无量劫修菩萨道，其神通愿力不可思议。

然后坚净信菩萨才请教地藏菩萨，地藏菩萨的回答，就是此经的内容。其主题，经末佛为此经定的四个标题表达得非常准确："占察善恶业报""除诸障增长净信""开示求向大乘者进趣方便显出甚深究竟实义""善安慰说令离怯弱速入坚信决定法门"①，特别是后面两个，完整地揭示了此经的主要内容：开示求向大乘者建立净信并进修慧观之道。

《占察经》译出后，没有多大影响，无人注疏讲解，直到明末，随地藏信仰的盛行，有四大高僧之一的蕅益智旭重视此经，著有《占察经玄义》一卷、《占察义疏》二卷、《占察行法》一卷。

实际上，专为末法众生说的《占察经》，完满解说如来藏真心的理论、依此见地修持菩萨道的具体方法，及针对众生疑惑、误解说法的善巧，就学术研究及当今汉藏佛教徒的修行而言，都非常重要。

一、　占察——佛教占卜术

占卜，几乎是各个民族在古代所流行的方术，其实质是以种种方法与神沟通，求问吉凶，以决人事。《易经》就是用于占卜的经典。占卜在现代西方也还在流行，有的心理学家以深层意识解释，认为是占卜者自

---

① ［隋］菩提灯译：《占察善恶业报经》卷下，《大正藏》第 17 册，CBETA 电子佛典集成，2022 年，第 910 页下。

己的无意识给予了答案。古印度占卜极其盛行，《阿含经》里佛曾列举一二十种占卜术，认为都是邪见，大乘经中也有批判占卜的说法。经中说见道证得须陀洹果的标准之一，就是不占卜、不择日。三皈依的正信佛教徒也不应占卜、择日，《佛说般舟三昧经》中佛言三皈依者"不得祠鬼神，不得视吉良日"①。出家僧尼行占卜谋生，被称为"维口食"，观星象称为"仰口食"，谓之"邪命"（不正当的谋生方式），属犯戒之举。② 但大乘《华严经》十地品讲，第五地菩萨必须通达世间的一切工巧技术、学问，包括占卜、星象之学，好像没有认为这些纯属迷信。佛法强调万法唯心，一切果报皆是自业所造。如果认为由时辰、星象或神意决定，乃属邪见，就人觉悟而言，多产生负面效果。这是佛教反对占卜的出发点。藏传佛教界盛行占卜，其所求的卦神是护法神，还以包括占卜的星象学为僧尼学习的"小五明"之一。因为多数经典都反对占卜，所以《占察经》虽然具体讲了占卜，但历来依经占卜者几乎没有。蕅益虽然编有《占察经行法》③，他自己也未必依法占卜。他在决定自己应修哪个法门时，在地藏菩萨像前依阄取决，没有依《占察经》用木片占卜。

《占察经》占卜法在当代颇受重视，台湾易学佛堂黄四明出版有《佛门占卜》一书（2012），副题《从〈占察善恶业报经〉占察吉凶祸福》，将经文译为白话，详细解释了修占察经木轮相及地藏杵的具体方法，对经中的哲学思想"一实境界"做了浅释，有实际卦例解说及"改造命运之道"。

《占察经》上卷，地藏菩萨回答坚净信菩萨之问，首先说：末世众生多业障深重，不宜先修禅定与智慧，如果直接修，会有很多障碍。应该先明白自己前世的业障有多深重，今生所造的业将会引起什么果报，未来如

---

① ［后汉］支娄迦谶译：《般舟三昧经》"四辈品第五"，《大正藏》第 13 册，CBETA 电子佛典集成，2022 年，第 901 页中。
② ［古印度］龙树菩萨造：《大智度论》卷三，［后秦］鸠摩罗什译，《大正藏》第 25 册，CBETA 电子佛典集成，2022 年，第 79 页下。
③ ［明］智旭集：《占察善恶业报经行法》，收于《卍新续藏》第 74 册，CBETA 电子佛典集成，2022 年，第 578—584 页。

何,今生能否成就。如何明白这些呢? 需要占卜而知,就是此经标题所说的"占察"。

占卜的具体方法,经中讲得很详细,大略是做几十个长约一寸的木片,写上字,虔诚祈祷地藏菩萨,由投掷木片占卜。这种方法不但可以占卜宿世所造的善恶业,还可以预测未来及各种人事,可以为他人占卜,占卜的结果列举有189种。

讲了占卜的方法后,《占察经》说:如果通过占卜知道了自己宿世今生所造的恶业,必须进行忏悔。即便没有进行占卜,若业障深重,也必须忏悔。经中详细讲了忏悔的方法:要闭关专修,整天整夜忏悔,至心坦白自己造了哪些恶业,至心皈依十方三世诸佛,至心称念地藏菩萨名号;须忏悔到内心深处,把前世今生所造的恶业如实讲出来,追究其原因,观其实相,观一切恶业唯心所造,空不可得。恶业较轻者,忏悔七日即可以清净;恶业障蔽重者,须忏悔三个七日、三个月,乃至一千天,才能忏除清净;恶业忏除清净后,才适宜修习禅定止观。

二、 一实境界·如来藏·自性清净心

佛法的纲要,被归结为染净因果,即心被污染及清净的因与果。诸乘、诸宗的教法,被归纳为业感缘起、阿赖耶识缘起、如来藏缘起、法界缘起、六大缘起等几种缘起论。《占察经》所说的染净因果,属于如来藏缘起论,它将染净的终极所依归结于"一实境界",经云:

> 当知如此诸数,皆从一数而起,以一为本。如是数相者,显示一切众生六根之聚,皆从如来藏自性清净心一实境界而起,依一实境界以之为本。所谓依一实境界故,有彼无明。不了一法界,谬念思惟,现妄境界,分别取著,集业因缘,生眼耳鼻舌身意等六根。以

依内六根故,对外色声香味触法等六尘,起眼耳鼻舌身意等六识。以依六识故,於色声香味触法中起违想、顺想、非违非顺等想,生十八种受。①

　　诸数,指所忏悔的造业根本——各种烦恼,及所造的各种业,溯其根源,都从"一数"而起。此"一数",指"一实境界",即绝对真实、独一不二者,只有找到这样的东西,才能发现证得不生不灭的涅槃之道。这里所言"一实境界",亦即诸经论所言真如、实相、法性等,是大乘诸宗、诸派教法的根本。小乘教法以诸行无常、诸法无我、涅槃寂灭为三法印,大乘则唯以实相为法印,《大智度论》称"一实相印"。多数大乘经及依经阐释发挥的中观、唯识二学,都以实相为诸法空、无我的真实,此乃一切法普遍共具、永恒如此的本性,是一种客观的理。而此经中则直指,一实境界即是"如来藏自性清净心",是一种主观的心。此心是产生一切的根本、染与净的关键,依此心而有无明。所谓无明,是因为不了达法界一相,割裂整体,起二元化的思惟,现起虚妄不实的感知境界,对境界分别执取,由业力生眼耳鼻舌身意内六根,依内六根分别色声香味触法外六尘,生眼耳鼻舌身意六识,依六识分别六尘而起或顺、或违、或非顺非违等具有价值判断的想——知觉,从而生十八种受(感受),起种种烦恼,由烦恼造种种业,被业力系缚而流转生死,受种种苦。这是此经揭示的染缘因果,是从认识论的角度,追究造成生老病死苦果的业、烦恼生起的因缘。

　　经中对这一见地作了详切的论证,明言一实境界、自性清净心即是众生的心体。体,《宗镜录》解释为"主质"②,意谓起主要作用、作为主宰、具有实质性者。就像说"身体"的体,是一个有血有肉的实物。唯识

---

① [隋]菩提灯译:《占察善恶业报经》卷上,《大正藏》第17册,CBETA电子佛典集成,2022年,第905页上。
② [宋]延寿集:《宗镜录》卷八六,《大正藏》第48册,CBETA电子佛典集成,2022年,第886页中。

学也说心体,指第八阿赖耶识,或者以心识四分中的第三自证分为心体。阿赖耶识,《瑜伽师地论》等皆说为杂染,是刹那生灭的有为法,并非一实境界。此经中所说的心体,应同心性、心真如、心实相,乃不生不灭的无为法。经中描述它"从本以来不生不灭,自性清净","无障无碍","平等普遍,无所不至,圆满十方。究竟一相,无二无别,不变不异,无增无减"。① 心体超越空间,无处不遍,超越时间,永恒如此,没有任何物质属性,远离一切意识分别,在大乘经中常用来比喻实相、真如的虚空。

这种心体,是一切众生普遍共具的心性——心本来具有的本性,或心未被无明覆蔽、烦恼扰动时的本来面目,即禅宗所谓"父母未生前本来面目"。经中说一切众生心与声闻(罗汉)、缘觉、菩萨、佛诸圣者的清净心同等,皆不生不灭,无染寂静,这是心本来如是的真如。为什么? 经中论证说:

> 一切有心起分别者,犹如幻化,无有定实。所谓识、受、想、行、忆念、缘虑、觉知等种种心数,非青非黄,非赤非白,亦非杂色,无有长短、方圆、大小,乃至尽於十方虚空一切世界,求心形状,无一区分而可得者。②

心数,即心所法,心所具有的功能及心理活动。因为有很多种,故名心数。这里举出识、受、想、行、忆念、缘虑、觉知等,它们都没有物质性,非青黄等颜色,无长短、方圆、大小等体积,不占有空间,无形,遍十方虚空、一切世界,都找不到它们的形状。所有的佛经中,都是这样描述心的。

---

① [隋]菩提灯译:《占察善恶业报经》卷下,《大正藏》第 17 册,CBETA 电子佛典集成,2022年,第 907 页上。
② [隋]菩提灯译:《占察善恶业报经》卷下,《大正藏》第 17 册,CBETA 电子佛典集成,2022年,第 907 页上。

只是因为众生被无明痴暗长期熏习，形成虚妄的认知模式，以此为因，六根对境而起分别，现起虚妄不实的境界，执着虚妄境界为实，忆念分别。不能如实了知自心，执着内在有一个能觉知的心，以此为自我，执着自我及我所——我所有的一切，乃起惑造业的根本。而实际上并没有觉知心的实体，因为不可能见到其自体。

用佛法"凡有对法不相舍离"的辩证逻辑推论，"若无觉知能分别者，则无十方三世一切境界差别之相"①，有个能分别的觉知心，便有个与它不相舍离的分别境界，但没有能觉知分别者的实体，那么所见十方三世的纷纭万象，也应该没有其实体，属于虚妄，犹如幻化境界。众生所知见的一切法，都非自有——不依赖任何条件而独自存在，须依妄心分别而在其认识中呈现为有。众生所知见的一切境界，千差万别，众生各自认为它们实有，认为在自心之外有一个不依赖人的意识而客观存在的外在世界，这叫作素朴实在论，是人类普遍的认知立场、科学的出发点。佛法则从认知缘起的大关系观察能知、所知，认为一切法普遍的实质，是依赖因缘，其所依的因，是众生不能了知自身内没有能觉知心的实体，误认为有像镜子一样的实体心所觉知的外在境界，从而建立种种不如实的认知，分别彼此、是非、好恶等。在佛法看来，众生所认为真实的客观世界，只是自心所见的世界或者西方哲学所谓的经验世界，而非真实的客观世界。由此得出结论：众生能够考察的一切法、一切认知对象，都是依自己虚妄分别的妄心而生，以妄心为本，是因缘所生的有为法，其生起的因，是妄心。妄心并没有它自己本有的实体，也是因缘所生，缘对所认知的种种境界分别思念而有，把它叫作"心"，而众生却误认为它是非因缘所生、本来具有的精神实体。

"又，此妄心与前境界虽俱相依，起无先后，而此妄心能为一切境界

---

① ［隋］菩提灯译：《占察善恶业报经》卷下，《大正藏》第17册，CBETA电子佛典集成，2022年，第907页上。

原主。"①妄心是与所了知的境界同时生起的，与境界互相依存，没有先后之分，不是先有了别心生，然后才有所了别的境界生。虽然心与境界同时，都是因缘所生，但因缘中有主有次，主就是妄心，是所知见一切境界的"原主"，即本原、主宰。

为什么这样说？因为追根溯源，妄心知见的虚妄境界是依无明力为因而现起的，无明，则依妄心不了法界一相亦即一实境界。根据缘起法则因灭则果灭的规律，只要灭掉无明这个因，虚妄境界就会灭尽。佛菩萨通过修证，灭尽自心的无明，证明无明灭则虚妄境界灭。并非一切境界不能自己明了，而说境界有无明，无明只在众生心，境界无所谓明与无明；追究无明的因，也不是依境界而生，因为诸佛于一切境界都不生起无明，都如实知见一切境界的真实本面，如实知见一实境界。那么无明究竟以什么为因而生呢？只能说依众生的妄心。也不是灭了境界就灭了无明心，如果是这样，那熟睡、昏迷休克等时，心中没有色声香味触法等任何境界。虽然清醒但意识不注意、心不在焉时，心中也没有任何境界，但无明并未灭。因此说"一切诸法依心为本"②，这个意义上的唯心，印顺法师称为"以心为本"的唯心。这种说法在很多大乘经中都可见到，小乘经如《正法念处经》中也有。依心为本，严格来说还算不上哲学唯心论，它只是强调心的重要，没有说一切法都是心。

经中进一步推论："一切诸法悉名为心，以义、体不异，为心所摄故。"③一切诸法的实义、体性都相同不异，都为心所摄。这个意义上的唯心，比以心为本的唯心论更进一层，是真正唯是一心的唯心论。

又说，一切诸法，都是依心为因而现起，心所了别的一切现象、整个

---

① ［隋］菩提灯译：《占察善恶业报经》卷下，《大正藏》第17册，CBETA电子佛典集成，2022年，第907页上。
② ［隋］菩提灯译：《占察善恶业报经》卷下，《大正藏》第17册，CBETA电子佛典集成，2022年，第907页中。
③ ［隋］菩提灯译：《占察善恶业报经》卷下，《大正藏》第17册，CBETA电子佛典集成，2022年，第907页中。

世界,是心中所现的相,与能知见的自心总是和合不离,同生同灭,都刹那生灭,不可常住不变。一切境界,只是随着心之念念相续而缘,得以在认识中保持一个似乎稳定的相状,现为暂时性的存在。

这样说的心,具有两种相:心内相和心外相。心内相又分为两个方面:真和妄。真的一方面:"所言真者,谓心体本相,如如不异,清净圆满,无障无碍,微密难见。以遍一切处,常恒不坏,建立生长一切法故。"①

真,是指心体,其本相即是真如,与绝对真实完全一样,如如不异,清净圆满,无烦恼污染,没有任何障碍。它非常细微,隐藏在内心最深处,非常难见,以我们常用的表层意识、妄心是不能知见的。它超越空间,遍在一切处,无处不在,常恒不坏,能建立、生长一切法,是一切法生起、存在的终极所依,亦即法界,西方哲人所谓孕育、出生万物的母胎。

心内相妄的一面,是指众生的一切心理活动,如起念、分别、觉知、思虑、忆想等,虽然念念相续,能够现起种种境界,但其认知虚伪不实,没有一个真实的、可以见到的实体,并非认知对象的原样。

心外相,指心所认识的外境,当心起念分别时,种种境界:色声香味触法、山河大地、动植物等随之现前,内心认为这些境界客观外在,在自心之外。

由此当知:"内妄想者,为因为体;外妄相者,为果为用。依如此等义,是故我说一切诸法悉名为心。"②内心的虚妄认知是因,是体,所分别境界的种种相是果,是用。据此说一切诸法都叫作心。这可以称为摄境于心的唯心义。

又,心外所分别的种种相,犹如梦中所见的种种境界,只是自己的意识造作,并非实有。

---

① [隋]菩提灯译:《占察善恶业报经》卷下,《大正藏》第17册,CBETA电子佛典集成,2022年,第907页中。
② [隋]菩提灯译:《占察善恶业报经》卷下,《大正藏》第17册,CBETA电子佛典集成,2022年,第907页中。

又，内心刹那生灭、念念不住，所以心所缘、所见的一切境界，也都是刹那生灭、念念不住的。如佛经中所说，"心生故种种法生，心灭故种种法灭"。而心及种种法的生灭，其实"但有名字，实不可得"①。

又，心不去往到境界，境界也不来到内心，就像镜中的映像，不来不去，"是故一切法求生灭定相，了不可得"②。因此说一切法毕竟没有实体，本来毕竟空，实际上没有生灭，本来不生不灭，所以说本来涅槃。涅槃的主要特点，就是不生不灭。由此了知：

> 如是一切法实不生灭者，则无一切境界差别之相，寂静一味，名为真如、第一义谛、自性清净心。彼自性清净心湛然圆满，以无分别相故。无分别相者，於一切处，无所不在。无所不在者，以能依持建立一切法故。③

一切法既然没有实体，本来不生不灭，则应该没有任何差别之相，遍法界皆同一无异，寂静不动，叫作真如、第一义谛、自性清净心。名相虽有种种，所指的实义只是一个自性清净心。它本来湛然圆满，无欠无缺，因为它没有任何妄心分别之相：没有大小、数量、快慢等分别相，超越任何相，超越时空，无处不在，遍在全宇宙，因此才能作为一切法建立的根本、所依的终极体性，谓之"所依界"，今或译为"本基界""本基"。

此自性清净心即是如来藏，意谓佛果所具有的功德，或者众生身中所潜藏的佛果功德，具足无量无边、不可思议的无漏清净功德之业。诸佛证得的法身，从无始以来自然存在，无处不在，不变不动，没有任何障

---

① ［隋］菩提灯译：《占察善恶业报经》卷下，《大正藏》第 17 册，CBETA 电子佛典集成，2022 年，第 907 页中。
② ［隋］菩提灯译：《占察善恶业报经》卷下，《大正藏》第 17 册，CBETA 电子佛典集成，2022 年，第 907 页下。
③ ［隋］菩提灯译：《占察善恶业报经》卷下，《大正藏》第 17 册，CBETA 电子佛典集成，2022 年，第 907 页下。

碍,圆满具足种种功德,遍于一切世界经常从事利益、度化众生的种种事业,没有休息,能为生死轮回中的一切众生作终极的所依,犹如母胎。比喻为虚空,能够容受一切物质现象、一切种类的众生,这一切都依虚空而有,依虚空建立、生长,也被虚空所摄,以虚空为体,没有能外于虚空者,都在虚空的范围之内。而"一切众生身中诸佛法身亦不可毁灭,若烦恼断坏时,还归法身。而法身本界无增无减,不动不变"①。但从无始以来此法身就与无明妄心同在,由妄心不明境界虚妄去分别境界,内心外境因缘和合,不断地熏习,在阿赖耶识里积集虚妄分别的种子,形成虚妄认知的习性,生起与虚妄认知相应的妄心,造种种有漏业,被业力因果捆绑,流转生死,受种种苦,说为众生。而众生,也是其本具的法身所现,但不能叫作法身、不能叫作佛。众生之中,由法身熏习力大者,能令烦恼逐渐轻薄,厌离世间,追求趋向涅槃之道,确信一实境界,修行六度及一切获得菩提的法门,名为菩萨。菩萨经过长期修行,所有的善法、菩萨道都圆满了,才能远离无明昏睡,从无明大梦中完全醒觉,名为成佛。"当知如是众生、菩萨、佛等,但依世间假名言说故有差别,而法身之体毕竟平等,无有异相。"②

对以上义理,钝根众生容易产生疑惑、畏惧和误解,经中地藏菩萨自述他对机说法的善巧方便,谓之"安慰"。

一类"小心钝根"众生,听说大乘无上道最为殊胜微妙,虽然也喜欢,能发心修学,而又畏惧修大乘道须深入生死海中,经长远劫数,久受勤苦,因此心生怯弱,畏缩不前。对此类众生,地藏菩萨为说一乘佛法的真实义理:所谓一切法本性本来空,无我、无能造作者、无受者,无自无他,没有方所,超越空间,没有过去、现在、未来,超越时间,乃至为说十八种

① 〔隋〕菩提灯译:《占察善恶业报经》卷下,《大正藏》第17册,CBETA电子佛典集成,2022年,第907—908页。
② 〔隋〕菩提灯译:《占察善恶业报经》卷下,《大正藏》第17册,CBETA电子佛典集成,2022年,第908页上。

空义等深般若,说生死、涅槃等一切诸法没有决定实有之相可得。又用各种比喻说一切诸法,如幻、化、水中月、镜中像、乾闼婆城、空谷响、阳炎、泡、露、灯、目翳、梦、电、云,凡说14种比喻,谓"烦恼生死,性甚微弱,易可令灭"①。观察烦恼及其造成的生死,毕竟无实的自体。因为本来没有实体出生,当然也就没有实体消灭,那就是不生不灭,自性本来寂静不动,说为本来涅槃。

一类众生因为不理解佛说法的旨意而生怯弱心,地藏菩萨则为开示:佛说法的旨意,是由佛如实知见一实境界,永离生老病死,证得常恒、清凉的涅槃,及不变不灭的法身等无量无边不可思议的功德。这是佛说法的出发点。佛"能了了见一切众生身中皆有如是真实微妙清净功德,而为无明暗染之所覆障,长夜恒受生老病死无量众苦"②,因此起大慈悲,想要使一切众生永离众苦,都要像他一样获得法身及第一义乐。而佛的法身,"是无分别离念之法,唯有能灭虚妄识想,不起念著,乃所应得。但一切众生常乐分别,取著诸法,以颠倒妄想故,而受生死"③。为了让众生能够远离种种虚妄颠倒的执着,佛力说一切世间法毕竟空、无所有,乃至说一切出世间法也是毕竟空、无所有,以破除执着。以这种彻底破执的方法,显示一切诸法皆不离菩提体。所谓菩提体,指佛所证大觉所依的体,即法性、真如,具体来说就是自性清净心。此心离一切相,不可依言说取,不可依心念知,唯有离念自证。

这样说,一类钝根众生又会产生误解,认为大乘无上道、诸佛法身只是一个什么都没有的空,害怕堕于无所得中,失去一切,失去自我,因此怯弱,不敢发心修行,或者产生断见,认为涅槃就是什么都没有,持"增减

---

① [隋]菩提灯译:《占察善恶业报经》卷下,《大正藏》第17册,CBETA电子佛典集成,2022年,第909页下。

② [隋]菩提灯译:《占察善恶业报经》卷下,《大正藏》第17册,CBETA电子佛典集成,2022年,第909页下。

③ [隋]菩提灯译:《占察善恶业报经》卷下,《大正藏》第17册,CBETA电子佛典集成,2022年,第909—910页。

见",诽谤正法,自轻轻他。对此,地藏菩萨则为说"如来法身,自性不空,有真实体,具足无量清净功业,从无始世来自然圆满,非修非作。乃至一切众生身中亦皆具足,不变不异,无增无减"①。

这样说,有的愚痴众生还会怯弱,执着诸佛法身本来具足、非修为造作而成,产生"无所得想",认为即便成佛也是无所得,因此怯弱,不敢发心修行,或者认为佛既然自然本是,何必修行,堕于颠倒邪见。针对此类众生,地藏菩萨则说必须修行一切善法,福慧功德逐渐增长,臻于圆满,才会生出众生所见的庄严佛色身,才会获得佛果无量清净功德。

虽然针对众生的不同执着,说法不同,而所说的甚深义理是一个,与真实相应,没有因明学、逻辑学上所说的"自语相违过"。说法身之体毕竟空、无所有,是因为法身远离一切意识分别的知觉忆念,没有能自见自知为实有的任何相,所以毕竟空,"即彼空义中,以离分别妄想心念故,则尽毕竟无有一相而可空者,以唯有真实故,即为不空"②。这无分别的实体,从无始以来具足无量功德,自然之业,成就相应,说为不空。这不空的性质从不脱离自性清净心。一切众生虽然都具有绝对真实体性的种种功德,但其慧眼被无明目翳障蔽,不能知见自性宝藏,不能利用自性宝藏所具有的微妙功用创造殊胜利益,与没有自性宝藏无异,可以说未有自性宝藏。因为不能知见自身中的真实体性,不能知见自己心性、自心佛性,所以不得享用自性宝藏的功德利益,可以说这功德利益不属于此类众生。只有遍修一切善法,对治诸多障碍,亲见法身或空性、自性清净心,然后才能获得自性宝藏的功德利益。

---

① [隋]菩提灯译:《占察善恶业报经》卷下,《大正藏》第 17 册,CBETA 电子佛典集成,2022 年,第 910 页上。
② [隋]菩提灯译:《占察善恶业报经》卷下,《大正藏》第 17 册,CBETA 电子佛典集成,2022 年,第 910 页中。

三、 大乘道次第

《占察经》指明了依一实境界获得解脱之道,叫做"求向大乘者进趣方便",即是大乘修行者修持的进程,所谓道次第。经中将修行者的根器分为上中下三等,其修学内容各有不同。

首先,各种修行者,特别是末法时代多数业障深重的修行人,必先忏悔业障。障重者须依经中所说方法占察,然后依法忏悔。之后学发大乘菩提心,受持禁戒。

其次,须依止一实境界以修信解,谓之"最初所行根本之业"①,须对如来藏自性清净心的义理切实理解。修习这种信解,不仅须亲近善友,闻思经论,更须解行相应,修习两种观。利根者先已能知一切外诸境界唯心所作,虚诳不实,如梦如幻等,决定无有疑虑,盖障轻微,散乱心少,应学习真如实观,"思惟心性无生无灭,不住见闻觉知,永离一切分别之想"②。

不能透彻一切唯心的钝根人,须先修学唯心识观,于一切时、一切处,观察身口意一切活动、一切境界唯是心识,不可让自心堕于非善非恶而无明觉的无记心,也不可放任自心攀援六尘境界而不自觉知。这种观察不能放过每一念,须念念观察,只要内心有所缘、有所念,都要明白觉知,明了所起的感知、忆念等,只是起于自己内心,并非所知见的一切境界有分别。好坏、是非、得失、利害、有无等无量无数的感知觉,只是自己内心所生,具有主观性,而所知见的一切境界,并无知觉,自身不起分别,其实相非长非短、非好非坏、非有非无,远离我人一切名言分别的虚妄

---

① [隋]菩提灯译:《占察善恶业报经》卷下,《大正藏》第 17 册,CBETA 电子佛典集成,2022 年,第 907 页上。

② [隋]菩提灯译:《占察善恶业报经》卷下,《大正藏》第 17 册,CBETA 电子佛典集成,2022 年,第 908 页中。

相,说为"无相"。如此念念明觉"守记"内心,便能明白觉察内心所起的贪欲、嗔恨、愚痴、邪见等烦恼,明了自心善、不善或者无记的属性,了知内心的劳累、焦虑等种种痛苦。当打坐时、修禅定止观时,要随自心所缘,念念观察,明了唯有自心生灭,犹如流水、灯焰,没有能于刹那间停止不动的实体。这样观修,将会证得"色寂三昧"。

证得色寂三昧后,要进一步修习"信奢摩他"及"信毗婆舍那"两种观心。修习信奢摩他观心,要思考、观察内心深处的心体没有实体可得,不可见,圆满不动,没有来去、生灭,离意识的一切分别,故不可言说。

修习信毗婆舍那观心,要观察所见的内外色相,内色相指对自己身体的分别,我健康否、漂亮否等,外色相指所见一切物质现象,山河、大地、林木等,观察它们都是随着自心的分别而生灭,乃至所见佛的色身也是如此,随心生灭,犹如幻化、水中月、镜中像,虽然眼见,而没有实体,既不是内心,也不离内心,非来去、生灭,非造作及不造作。

修习以上所说两种观心,能够快速趋入一乘道。这种唯心识观,乃是最上的智慧之门,能使修习者的信心猛利,增长对一实境界和一佛乘的信解力,速疾深入毕竟空的妙义,因而能发起志求成就佛果的大菩提心,进入"种姓地"。

这样修习,工夫深入,逐渐能越过四种无色界定——空无边处、识无边处、无所有处、非想非非想处,证得"相似空三昧",定中没有受、想、行、识四蕴的粗分别相。在已经证悟、有大慈悲心的善知识的守护、培育下,远离种种障碍,勤修不辍,才能进一步证入"心寂三昧"。证得心寂三昧后,保任不失,定力逐渐增长,一切时中保持一个真心不乱,逐渐证入一行三昧,能够见无数的佛,发起深广的行菩提心,住于坚信位,对以上所说两种止观的信解确定不移,能够全身心沿一乘道前进。虽然也修学四禅八定等世间禅定,但不贪着世间的禅定之乐。即便遍修一切善根、菩提分法,包括人天乘善法、二乘所修三十七菩提分法等,也敢于出生入死修菩萨道,而不怯弱、不畏惧,不爱好二乘,不像二乘人那样畏惧生死、追求独享涅槃之乐。

根器更劣的众生,虽然修学以上所说的信解,而善根微薄,修不下去,烦恼炽盛不能降伏,其心怯弱疑惧,畏惧死后堕于三恶道,生于八难处,不得值遇佛菩萨等圣众,不得供养三宝、听闻信受正法,不能修学菩提道而获得成就。这种人应该于一切时处常常念诵地藏菩萨的圣号,达到一心不乱,善根不断增长,心意猛利,应当以正见观地藏菩萨及一切诸佛的法身与自己本具的法身体性平等,无二无别,都不生不灭,圆满具足常乐我净的功德,本来涅槃,是可靠的归依处。还要观察自己的身心无常、苦、无我、不净,如同幻化,应该厌离。如此修学,会速疾增长净信,所有障碍渐渐减损,命终后不会堕于三恶道及八难处,还会听闻正法,学佛修行,也能随自己的意愿,往生于他方佛的净土。

如果想要往生他方现在佛的净土,应当专心念诵彼佛的名号,达到一心不乱,并修学如上所说的观察,必定能往生彼佛净土,善根增长,速疾证得不退位。经中称"一心系念思惟诸佛平等法身,一切善根中其业最胜"①,这即是四种念佛法门中的实相念佛,实际上是以一实境界、真如、实相作为所观境,是所有大乘禅的基础,精勤修习,可以逐渐证入一行三昧,成就广大微妙的行菩提心,名为得相似无生法忍。如果持夹杂散乱、烦恼的污垢心,虽然称念地藏菩萨的名号,不能叫作持诵,不能叫作闻法。因为心怀疑惑,不能决定信解大乘深义,不能决定确信地藏菩萨威神力,只能得到世间的善报,如消灾免难、健康长寿等,而不能获得广大深妙的利益——出世间的涅槃、智慧及利益度化众生的种种方便,更不能成就佛果。

能够按以上所说的方法,以离杂乱垢染的清净心精勤修学无相禅,

---

① [隋]菩提灯译,[明]智旭疏:《占察善恶业报经义疏》卷下,《卍新续藏》第 21 册,CBETA 电子佛典集成,2022 年,第 448 页下。

久久用功,能获得深妙广大的利益,成就信忍、顺忍、无生忍三种忍,入三种菩萨果位,渐次成佛。渐次成佛又略说四种:第一种为信满成佛,只是成就佛的见地,确信本来涅槃;第二种为解满成佛,是在解行地,明了佛的三业实际上没有造作,了悟生死涅槃本来不二,因而心中无所畏惧,修六度行而不执著能行所行;第三种为证满成佛,是在净心地,依所证无分别的寂静智慧,这种智慧即是菩萨的道种智、一切种智,不起心求取,自然能起度化众生的不思议业用;第四种为一切功德行满成佛,是六度万行圆满,菩萨地走到尽头,成就圆满三身佛,从无明长梦中完全觉醒,能破除一切障碍。到此才是大乘所说真正的成佛。

经中又说,修习世间有相禅者,有三种人:第一种人缺乏对大乘佛法的方便信解,贪着禅定的喜乐及发神通等效用,生起骄慢,被禅定所系缚,不去追求出世间的成就;第二种人也没有对大乘深义的信解指导,依所修习的禅定而厌世、厌离世间,畏惧生死,害怕堕入轮回,唯求独自了脱生死,堕于小乘;第三种人以对大乘深义的信解为指导,依对一实境界的信解修习止观,获得证悟,能信解一切法唯心、如梦如幻,虽然得到世间禅的喜乐、神通等效用,但并不贪着,不再追求三界的果报。又详说了修学一切禅定者的十种次第深入之相,具足此诸相,能使修习者一步步深入正定,不会有错失。这十种相,乃是进入正定的十个步骤。

《占察经》所说的大乘道,应时契机,切实可行,对纠正当今不少佛教徒不重视道次第、忽视忏悔业障、忽视学习教理树立正见、忽视以佛法智慧观心,及误解心性而陷入狂慧等弊端,非常有效,应该受到重视。

参考文献

1. 吕澂:《吕澂佛学论著选集》,齐鲁书社 1991 年版。

2. 陈兵:《〈阿含经〉及部派佛学的深层心识说》,《西南民族大学学报》(人文社科版)2006 年第 7 期。

3.〔古印度〕龙树菩萨造:《大智度论》,[后秦]鸠摩罗什译,《大正藏》第 25 册,CBETA 电子佛典集成,2022 年。

4. 印顺:《印顺法师佛学著作集》,CBETA 电子佛典集成,2022 年。

（责任编辑:吴　华）

学术综述

《孝经》经典地位回归

——近十年《孝经》学研究综述

王　芳*

摘要:近十年以来,随着"建设良好家风"观念的提出和倡行,传统的孝道文化和孝悌观念逐渐受到重视。同时有赖于新材料的发现和新观点的提出,学界对《孝经》和"孝文化"的研究热度复归,《孝经》的经典地位也随之回稳。梳理和总结近十年来《孝经》学的研究成果,可以对《孝经》学的发展有一个总体的认识。

关键词:近十年　《孝经》　综述

　　近十年,尤其是党的十八大以来,党和国家对"建设良好家风"的提倡,使得中国传统孝道文化受到重视,《孝经》的经典地位逐渐回稳。随着新材料的发现和新观点的提出,学界对《孝经》的研究也进入了一个新时期。具体而言,在《孝经》作者及成书年代、《孝经》译注及解读、《孝经》学史、《孝经》思想及孝道文化、《孝经》类文献整理、《孝经》类出土文献、《孝经》学域外传播等方面皆成果丰富,蔚为大观,下就各类研究成果分叙概论。

---

* 王芳,四川大学历史文化学院在读博士研究生,主要从事中国儒学研究。

一、《孝经》作者及成书年代研究

《孝经》的作者及成书年代历来是《孝经》学研究的基本问题,一直以来众说纷纭,至今未有定论。王正己先生《孝经今考》第三章"今文《孝经》作者考",分述孔子作、孔子门人记录、曾子作、曾子门人记录、子思作、齐鲁间陋儒作、孟子门人作等七种说法,并一一列举其代表并逐一考论。① 宋代以降,多有学者以为《孝经》乃汉儒附会之伪作。如宋黄震、明吴廷翰、清姚际恒,及当代蒋伯潜、黄云眉等。蔡汝堃《孝经通考》认为今文《孝经》为汉初"陋儒纂袭各书而成"②,古文《孝经》则为"西汉末人依今文《孝经》增删而成,再或即伪于刘向亦难言也"③。再者,胡平生先生认为《孝经》于战国晚期由乐正子春的弟子(或再传弟子)整理而成。④此外,张晓松先生则提出"《孝经》应该是儒家集体创作"⑤之说。前所列七种合此三种,为《孝经》作者十说。近十年来学界关于《孝经》作者之论断,亦未出此十说,概有孔子作、孔子门人作、曾子门人作、汉儒附会作、乐正子春作、集体创作六种。

孔子作《孝经》说。舒大刚先生《儒学文献通论》第十一章考辨《孝经》作者诸说,在承袭"孔子作《孝经》是西汉儒者相承师说""是东汉迄于唐代之公论"的基础上,进一步论证孔子作《孝经》的历史条件,认为孔子正是继承了虞、夏、商、周的"孝养"传统、"孝享"礼仪和"孝治"法则,并"糅合了其他与养老孝亲相关的善良行为和原则",从而形成了系统的"孝悌"观念,促成了《孝经》文本的创作与初传。且从《论语》《荀子》《大戴礼记》《孔子家语》中孔子"论孝"的言论入手,考证了孔子"养老"思想

① 王正己:《孝经今考》,载罗根泽编著:《古史辩4》,景山书社1933年版,第170页。
② 蔡汝堃:《孝经通考》,商务印书馆1937年版,第34页。
③ 蔡汝堃:《孝经通考》,商务印书馆1937年版,第40页。
④ 胡平生:《〈孝经〉是怎样一本书》,载《孝经译注》卷首,中华书局1996年版。
⑤ 张晓松:《"移孝作忠"——〈孝经〉思想的继承、发展及影响》,《孔子研究》2006年第6期。

与《孝经》中内容一致。由此,《孝经》当为孔子所作或由孔子向曾子传授,"至于说孔门弟子作,甚至再传或三传弟子作,以及曾子弟子作等说,都是将《孝经》传播者当成作者了,他们只能是《孝经》的传习者而不是《孝经》的原创作者"①。《中国孝经学史》中舒大刚先生亦陈说此论。②

陈壁生先生在《孝经学史》中申"孔子作孝经"之义应为《孝经》思想出于孔子本人,似《论语》思想出于孔子一样,并举《白虎通·五经》、郑玄《六艺论》、《孝经注疏》、《孝经钩命决》各论,论证孔子作《孝经》在《春秋》之后,"《孝经》可以说是孔子最晚的作品"③。

詹杭伦译注《孝经》时对几家代表性说法进行了简单考证,论证了"《孝经》的成书过程可以理解为三个主要阶段:一、孔子的讲稿;二、曾子的记录;三、子思的整理"。因此,詹杭伦先生认为"孔子享有《孝经》的原创著作权"④。

易菁《孝之经纬》也表达了相同的观点,言"整部《孝经》都是依着孔子对曾子的嘱咐而创作的"⑤,虽是由曾子记录,但实为孔子讲授,通篇贯穿的都是孔子的思想。

孔子门人作《孝经》说。刘增光先生在《晚明〈孝经〉学研究》一书中赞同四库馆臣"七十子徒之遗书"⑥论,明言"《孝经》与孔子思想并不相悖,是儒家作品,为七十子之徒所作,成书年代约在战国"⑦,进而对汉儒作《孝经》说进行了批驳。他结合众说,推测《孝经》成书当在"春秋末至战国前中期,正是七十子及其后学的活动时间,而其成书于曾子—乐正子春一系的儒者"⑧。

① 舒大刚主编:《儒学文献通论》,福建人民出版社 2012 年版,第 1181—1187 页。
② 舒大刚:《中国孝经学史》,福建人民出版社 2013 年版,第 30—36 页。
③ 陈壁生:《孝经学史》,华东师范大学出版社 2015 年版,第 21 页。
④ 詹杭伦译注:《孝经》,江苏人民出版社 2019 年版,前言第 1—3 页。
⑤ 易菁:《孝之经纬》,中央编译出版社 2012 年版,第 3 页。
⑥ [清]永瑢等:《四库全书总目提要》,河北人民出版社 2000 年版,第 836 页。
⑦ 刘增光:《晚明〈孝经〉学研究》,上海古籍出版社 2015 年版,第 35 页。
⑧ 刘增光:《晚明〈孝经〉学研究》,上海古籍出版社 2015 年版,第 47 页。

曾子门人作《孝经》说。袁青《〈孝经〉成书时代新辨》驳斥了《孝经》为汉儒伪作说，并以《魏文侯孝经传》及《吕氏春秋》为突破点，论证《魏文侯孝经传》应为魏文侯《孝经》之传，非魏文侯《孝经传》。其据《吕氏春秋》乃门客献书吕不韦之例，进一步论证《孝经》乃曾子后学如李克、吴起等向魏文侯所献之书，题名为"魏文侯《孝经》"。魏文侯《孝经》成书后只是后世《孝经》雏本，曾子后学又进一步进行了整理加工。对于《吕览》"孝经曰"一文，袁青结合上下文义，认为非注文误入引文。因而《孝经》应为曾子后学所作，成书"上限当为魏文侯之时，下限当为《吕氏春秋》成书之时"①。

徐向群《曾子孝道研究》②通过梳理先秦有关孝的观念，比较孝道与儒家经典《孝经》，认为以孝治为核心的《孝经》源于曾子孝道思想，是曾子门人对曾子孝道思想进行的阐释、发展和系统总结，当为曾子后学所作。

王书利主编《孝经诠解》③综合罗列比较各家看法，认为《孝经》作者可能性较大的两个选择为孔子弟子所作或孔子门人的弟子所作，而更偏重后者，则可能为曾子的弟子所作，如再缩小范围则可能为子思。其观点较为宽泛，并未形成明确看法。

梁涛先生《亲亲相隐与二重证据法》第三章论及《孝经》之成书与作者，谓《孝经》阐发孝的思想应是在曾子重孝的基础上发展而来的，与《曾子》十篇"在文句、思想上多有相似之处"，且"曾子一派曾参与《左传》传授，在创作《孝经》时常常引用其文"，因此认为《孝经》完成于曾子弟子之手，成书比《曾子》略晚，"反映了乐正子春一派对曾子思想的继承和发展"④。

乐正子春作《孝经》说。常佩雨《〈孝经〉作者新论》从先秦古书成书体例、《孝经》思想内容、战国简帛等出土文献着手分析，论证《孝经》应当

---

① 袁青：《〈孝经〉成书时代新辨》，《齐鲁学刊》2014 年第 5 期。
② 徐向群：《曾子孝道研究》，山东大学出版社 2015 年版。
③ 王书利主编：《孝经诠解》第 1 册，线装书局 2016 年版，第 9—12 页。
④ 梁涛：《亲亲相隐与二重证据法》，中国人民大学出版社 2017 年版，第 73—76 页。

成书于战国早期曾子弟子乐正子春之手。① 之后徐正英、常佩雨又在《〈孝经〉的成书时代、作者及版本考论——以出土文献"郭店简""上博简""定县汉简"等为参照》②一文中进一步从《孝经》文本的名称、传播、体裁、思想源流、衍生形态等方面进行考察，认为《孝经》思想应来源于孔子，承续了《论语》和曾子相关思想，并研究了《孝经》早期注本魏文侯《孝经传》，分析《孝经》当成书于战国早期。并逐一分析其他九说不妥之处，再次论证乐正子春作《孝经》一说。

汉儒附会作《孝经》说。董治安《论曾子——关于历史上的曾子和曾子的历史评价》论从《孝经》的名称和内容来看，《孝经》将孝道人为提升到了绝对高度，并以五等之孝强调封建等级，"带有汉王朝力图强化封建政治的烙印"，"很可能是西汉儒家迎合当世需要，撷取孔子、曾子言论，而又有所推衍附会后编成"的"有托古意味的论'孝'之作"。③

集体创作之说。施亚男《〈孝经〉道德教化思想研究》④则认为《孝经》最后的定稿可能成于曾子的弟子或者门人，腹稿成于孔子，草稿则为曾子所作。

归结而言，孔子当为《孝经》思想之源。以上无论哪种说法，均未否认《孝经》之思想来源于孔子，而近十年来关于《孝经》作者之研究着重在论证《孝经》文本具体出自谁手。

二、《孝经》的译注及解读

此一时期《孝经》注本多为白话译注类读本，兼及解读《孝经》大义，

---

① 常佩雨：《〈孝经〉作者新论》，《孝感学院学报》2012 年第 1 期。
② 徐正英、常佩雨：《〈孝经〉的成书时代、作者及版本考论——以出土文献"郭店简""上博简""定县汉简"等为参照》，《国学研究》2014 年第 1 期。
③ 董治安：《论曾子——关于历史上的曾子和曾子的历史评价》，引自姜涛：《曾子注译》，山东人民出版社 2016 年版，代序第 13 页。
④ 施亚男：《〈孝经〉道德教化思想研究》，西北师范大学硕士学位论文，2020 年，第 14 页。

语言多平实生动,又多附例文故事讲陈孝道,旨在普及传播,供大众重拾《孝经》经典,学习传承中华传统孝道文化。

近十年来《孝经》译注和解读类读本,初版或再版概有 10 余部:顾迁注译"国学经典丛书"之《孝经》①、易菁《孝之经纬》②、王书利主编《孝经诠解》③、蔡践解译《孝经全鉴》④、周泽天编译"中华国学经典丛书"之《孝经》⑤、姚中秋《孝经大义》⑥、倪可译注《孝经新解全译本》⑦、舒大刚编著"中华传统文化经典教师读本"之《孝经》⑧、詹杭伦译注"中华传统文化经典全注新译精讲丛书"之《孝经》⑨、曾振宇注译《孝经今注今译》⑩、胡平生译注"中华经典名著全本全注全译丛书"之《孝经》⑪、汪受宽译注"中华传统文化百部经典"之《孝经》⑫等。其中胡平生、汪受宽译注本则在此十年间数次再版,足见二者译注影响之广、传播之深。

舒大刚译注《孝经》为《孝经》诵读本,结合教育工作实际情况,本书《前言》向读者简要介绍《孝经》的成书过程、基本内容、历史地位,以及学习《孝经》的方法;正文以今文《孝经》为基础,分为"原文""注释""译文"三部分,参照多种版本校勘,注释结合多种注本,对文中的重点字词进行注释和翻译,并对《孝经》原文进行白话翻译,解读深入,精准凝练。附录中"经典故事链接"则向读者介绍与孝道有关的经典故事,拓展读者知识面。

---

① 顾迁注译:《孝经》,中州古籍出版社 2012 年版。
② 易菁:《孝之经纬》,中央编译出版社 2012 年版。
③ 王书利主编:《孝经诠解》,线装书局 2016 年版。
④ 蔡践解译:《孝经全鉴》,中国纺织出版社 2016 年版。
⑤ 周泽天编译:《孝经》,团结出版社 2017 年版。
⑥ 姚中秋:《孝经大义》,中国文联出版社 2017 年版。
⑦ 倪可译注:《孝经新解全译本》,民主与建设出版社 2018 年版。
⑧ 舒大刚编著:《孝经》,济南出版社 2018 年版。
⑨ 詹杭伦译注:《孝经》,江苏人民出版社 2019 年版。
⑩ 曾振宇注译:《孝经今注今译》,人民出版社 2018 年版。
⑪ 胡平生译注:《孝经》,中华书局 2018 年版。
⑫ 汪受宽译注:《孝经》,国家图书馆出版社 2021 年版。此时段亦有汪受宽《孝经译注》上海古籍出版社 2016 年"中国古代名著全本译注丛书"本等再版。

　　王书利主编《孝经诠解》分 6 册共 18 章,大致从《孝经》发展概述、《孝经》原文解读、《孝经》案例读本、历代孝道文化、孝道现代解读五个方面,对《孝经》和孝道文化展开论述。倪可译注《孝经新解全译本》分原典、注释、译文、解析、孝道故事五大板块,围绕《孝经》原典进行详尽的诠释和解读。蔡践解译《孝经全鉴》收录《孝经》原文,并辅之以注释、译文、简析、跟进解读、典例等版块。周泽天编译《孝经》收录《孝经》《女孝经》《忠经》,并按章节对比排列,更加直观。姚中秋《孝经大义》逐章、分节疏解经义,并将中华传统《孝经》与西方神教、哲学相对照,发圣人立孝之普适教化之道;各章前依次插入北宋李公麟之《孝经图》,书末附近代画家陈少梅之《二十四孝图》。曾振宇注译《孝经今注今译》以今文本为底本,对《孝经》原文进行逐章注译和解读,并参照敦煌遗书本、日本足利本等善本、珍本,对《孝经》深入校勘。

　　近年来多部《孝经》译注解读本的涌现,既有国家提倡弘扬孝道文化之功,又不啻昭示着《孝经》经典地位之回归及《孝经》学走热之趋势。

三、《孝经》学史研究

(一) 通论《孝经》学史

　　近十年学界通论《孝经》学史者,有舒大刚先生《儒学文献通论》十一章①和《中国孝经学史》、陈壁生先生《孝经学史》以及曾祥芹先生《雄踞世界的中华孝文化宝典——〈孝经〉古今流传的阅读简史》。

　　其中较全面的当属舒大刚先生《中国孝经学史》。② 全书分 12 章,并书首“叙论”及书末“附论”。“叙论”明《孝经》之宗旨,总结《孝经》传播史有“先秦孕育与形成期”“两汉传播与初盛期”“魏晋南北朝继盛与分

---

① 舒大刚主编:《儒学文献通论》,福建人民出版社 2012 年版,第 1175—1278 页。
② 舒大刚:《中国孝经学史》,福建人民出版社 2013 年版。

离期""隋唐五代统一与仿作期""宋辽金元理学化与怀疑期""明清异化和考据期"和"20世纪批判和扬弃期"七大分期,并论《孝经》文化及其价值。第一章论《孝经》的结构、主题思想和内容。第二章论传统孝道观念的形成及《孝经》之成书。第三章至第十二章及"附论"分述周秦、两汉、魏晋南北朝、隋唐五代、宋辽夏金元、明代、清代以及20世纪的《孝经》学研究。书后附录今文《孝经》、《古文孝经》、班昭《女诫》、郑氏《女孝经》、马融《忠经》五文本。此研究成果对先秦到20世纪2500余年间的《孝经》传播和接受史进行了系统整理和回顾,从"通""专"和"纵""横"两个维度考察了孝悌文化的形成、传播和演变,并对前人的研究成果进行了阐扬,是迄今为止第一部完整研究《孝经》学通史的学术著作,填补了中国经学史研究领域长期以来的学术空白。

陈壁生先生《孝经学史》①正文凡八章:首章考论《孝经》名义、作者及先秦《孝经》学之传承。第二章论两汉《孝经》学发展及《孝经》的政治教化、人伦理念。第三章着重论述郑玄之《孝经》学。第四章以王肃《孝经注》着手,厘清魏晋南北朝之《孝经》学发展脉络,及《孝经》的首次宗教化,并论《古文孝经》孔传与今文《孝经》郑注之流传。第五章论唐玄宗御注《孝经》及唐代《孝经》学。第六章着重研究朱熹、董鼎之《孝经》学文献,梳理宋明理学对《孝经》的发明。第七章以象山后学之杨简、钱时和阳明后学之罗汝芳为研究主体,论述宋明心学对《孝经》的阐释,兼论《孝经》的第二次宗教化。第八章概述清代《孝经》学,重点阐述了皮锡瑞《孝经郑注疏》之研究。此研究成果厘清了先秦至晚清的《孝经》学发展史,并以经学史的视角辨章各家《孝经》学研究之源流,明晰了《孝经》学史中的一些关键问题。

曾祥芹《雄踞世界的中华孝文化宝典——〈孝经〉古今流传的阅读简

---

① 陈壁生:《孝经学史》,华东师范大学出版社2015年版。

史》①则着重对《孝经》在先秦两汉、魏晋南北朝、隋唐五代、宋元、明清、近代以来以及东西方域外的阅读史和流传特点进行了简单概述。

张艾丽《汉以降君臣诏令奏议征引〈孝经〉考论》②分"天子之孝""仁政"和"匡正谏诤"三章节，梳理了自汉以来君臣诏令奏议持续征引《孝经》的文句，印证《孝经》为一部君主治政之书。

（二）历代《孝经》学研究

先秦《孝经》学的研究，多考述《孝经》之成书年代、作者、曾子孝道思想和先秦孝道观的产生发展等问题，以及《孝经》和儒家其他经典的关系等。

论述《孝经》之作者、成书年代者有袁青《〈孝经〉成书时代新辨》③，常佩雨《〈孝经〉作者新论》④。徐正英、常佩雨《〈孝经〉的成书时代、作者及版本考论——以出土文献"郭店简""上博简""定县汉简"等为参照》⑤，诸文观点上文已述，不再赘言。

研究曾子孝道思想和先秦孝道观者有徐向群《曾子孝道研究》、姜涛《曾子注译》、梁涛《亲亲相隐与二重证据法》、蒋冬《"孝"与先秦儒家教化》。徐向群《曾子孝道研究》⑥通过梳理先秦有关孝的观念，比较孝道与儒家经典《孝经》，认为以孝治为核心的《孝经》源于曾子的孝道思想，全面揭示了曾子孝道思想的形成、历史地位及历史作用。姜涛《曾子注译》⑦内篇中含"曾子本孝""曾子立孝""曾子大孝""曾子事父母"四篇，

---

① 曾祥芹：《雄踞世界的中华孝文化宝典——〈孝经〉古今流传的阅读简史》，《高校图书馆工作》2017 年第 4 期。
② 张艾丽：《汉以降君臣诏令奏议征引〈孝经〉考论》，华中师范大学硕士学位论文，2020 年。
③ 袁青：《〈孝经〉成书时代新辨》，《齐鲁学刊》2014 年第 5 期。
④ 常佩雨：《〈孝经〉作者新论》，《孝感学院学报》2012 年第 1 期。
⑤ 徐正英、常佩雨：《〈孝经〉的成书时代、作者及版本考论——以出土文献"郭店简""上博简""定县汉简"等为参照》，《国学研究》2014 年第 1 期。
⑥ 徐向群：《曾子孝道研究》，山东大学出版社 2015 年版。
⑦ 姜涛：《曾子注译》，山东人民出版社 2016 年版。

系统论说曾子孝道观。梁涛《亲亲相隐与二重证据法》①利用郭店简、上博简等新出土材料对儒家经典予以新阐释,认为"'亲亲相隐'之争的关键不在于血缘亲情本身是否正当,而在于以孔子为代表的早期儒家究竟主张如何处理血缘亲情与社会道义之间的关系",提出在早期儒学内部存在着"重仁派"与"重孝派"的差别。蒋冬的硕士学位论文《"孝"与先秦儒家教化》②论述了先秦儒家"孝"之道德内涵、"天人合一之道"、"为仁之本"以及教化意义。

此外,论及《孝经》与儒家其他经典关系者有陈居渊《〈周易〉与〈孝经〉的自然融通》③、曾小梦《先秦典籍引〈诗〉研究》第九章"《孝经》引《诗》考论"④、蔡杰《尊王与敬天:〈诗经〉与〈孝经〉的融汇》⑤等。

汉代《孝经》学史研究的主要侧重点在两汉时期孝治思想和孝道观念的发展、两汉《孝经》学发展和《孝经》学文献研究,以及对《孝经》郑注的考察等方面。

研究两汉时期孝治思想和孝道观念者有陈晓静《两汉孝治研究》、陈壁生《经义与政教——以〈孝经〉"天地之性人为贵"为例》、黄宛峰《汉代孝子图与孝道观念》等。陈晓静《两汉孝治研究》认为两汉推行孝治确实起到了维持社会稳定、巩固封建统治的积极作用,但其力图培养顺民、忠臣带有明显的功利色彩,导致愚孝等极端行为的产生,不利于社会的发展。⑥ 陈壁生《经义与政教——以〈孝经〉"天地之性人为贵"为例》从分析《孝经·孝治章》"天地之性人为贵"一语的义理及此语在汉代的运用着手,分析了董仲舒、王莽、光武帝刘秀、《白虎通》、《后汉书·张敏传》引

---

① 梁涛:《亲亲相隐与二重证据法》,中国人民大学出版社 2017 年版。
② 蒋冬:《"孝"与先秦儒家教化》,山东师范大学硕士学位论文,2020 年。
③ 陈居渊:《〈周易〉与〈孝经〉的自然融通》,《周易研究》2017 年第 2 期。
④ 曾小梦:《先秦典籍引〈诗〉研究》,商务印书馆 2018 年版,第 245—253 页。
⑤ 蔡杰:《尊王与敬天:〈诗经〉与〈孝经〉的融汇》,《哈尔滨工业大学学报》(社会科学版) 2021 年第 4 期。
⑥ 陈晓静:《两汉孝治研究》,湘潭大学硕士学位论文,2013 年。

用此语的案例,表明了汉代经学的特征是将《孝经》视为国家政教的价值来源,以经义引出政治理论或国家政策,"将经义视为政治的价值源头,用以塑造政教"①,阐释汉代经学对政治实践的作用与影响。黄宛峰《汉代孝子图与孝道观念》②从先秦孝道思想着手,研究了两汉孝治思想和《孝经》的盛行,剖析了汉代墓葬环境中孝子图的民间性与伦理性,考察了汉代孝子图的传承、文献价值和思想史意义,以及汉代孝经观念的演变,具有较高的学术创新价值。

　　两汉《孝经》学发展和《孝经》学文献研究者有李沈阳《论汉代〈孝经〉学的发展》、陈鸿森《汉长孙氏〈孝经〉有〈闺门章〉说辨惑》、李静《论〈孝经〉的编辑思想》、苏成爱《〈儒家者言〉"未解章"初揭——现存最早经传合璧的〈孝经〉抄本》等。李沈阳《论汉代〈孝经〉学的发展》以汉代为《孝经》学的初步发展时期。③陈鸿森《汉长孙氏〈孝经〉有〈闺门章〉说辨惑》考论《孝经·闺门章》非系长孙氏《孝经说》之文误篡入长孙氏本经。④李静《论〈孝经〉的编辑思想》从编辑的角度,论《孝经》形成于先秦时期,汉代刘向编辑《孝经》的思想主要表现在"广至德要道,以顺天下"的编辑宗旨,明君臣父子之行所寄的编辑目的,尊卑有别的编辑原则和开放融合、兼容并包的编辑态度。⑤苏成爱《〈儒家者言〉"未解章"初揭——现存最早经传合璧的〈孝经〉抄本》通过考察《风俗通义》所引《孝经》,对比定县(今河北定州)汉简《儒家者言》的第24章得出此章为最早的《孝经》经传合抄本。⑥

---

① 陈壁生:《经义与政教——以〈孝经〉"天地之性人为贵"为例》,《中国哲学史》2015年第2期。
② 黄宛峰:《汉代孝子图与孝道观念》,中华书局2012年版。
③ 李沈阳:《论汉代〈孝经〉学的发展》,《兰州学刊》2012年第11期。
④ 陈鸿森:《汉长孙氏〈孝经〉有〈闺门章〉说辨惑》,《复旦学报》(社会科学版)2014年第4期。
⑤ 李静:《论〈孝经〉的编辑思想》,《出版科学》2018年第2期。
⑥ 苏成爱:《〈儒家者言〉"未解章"初揭——现存最早经传合璧的〈孝经〉抄本》,《文献》2020年第1期。

对于《孝经》郑注的研究,则有舒大刚《〈孝经郑注〉真伪诸说平议》、陈壁生《六艺根源之总会——郑玄的〈孝经〉观》、顿一鸣《〈孝经郑注〉及其思想研究》。舒大刚《〈孝经郑注〉真伪诸说平议》回顾了《孝经》学史上对郑注真伪之辨的诸多争论,并就清以来对《孝经郑注》的辑佚工作进行了全面评述,结合敦煌遗书和各家说法,考论《孝经郑注》为真,并将《孝经郑注》争议史分为四个阶段:南朝到唐代的怀疑期、元明沉寂后清代的热闹期、嘉庆初日本传《孝经郑注》真伪讨论期、清末敦煌遗书发现后问题解决期。① 陈壁生《六艺根源之总会——郑玄的〈孝经〉观》以郑玄《六艺论》与《孝经注》为中心考察了郑玄眼中《孝经》的性质:《孝经》思想的性质乃是政教的根本,是通向六艺的渠道。② 顿一鸣《〈孝经郑注〉及其思想研究》通过考证郑玄注经顺序,考论《孝经郑注》为郑玄晚年之作;又校对《孝经援神契》《孝经钩命诀》等纬书,认为《孝经郑注》兼采古今文经,带有浓厚纬学色彩,具备伦理与政治的双重属性。③ 此外,《孝经郑注》相关研究大多结合敦煌出土之《孝经》类文献,下文于"六、《孝经》类出土文献研究"中详述。

研究魏晋时期的《孝经》学史中较具代表性者为丁鼎先生的《〈孝经〉在儒家经典体系中的地位变迁——以两汉魏晋南北朝时期为讨论中心》④一文,提出两汉魏晋南北朝时期,《孝经》逐步完成了由儒家准经典向经典转化的过程:两汉时期以孝治天下政策的实施和谶纬的兴起,以及魏晋以降历代帝王对《孝经》的重视和研习,从不同向度促进和强化了《孝经》的经典化进程;西晋时《孝经》博士的设立,则标志着《孝经》经典地位的正式确立;而南朝王俭《七志》将《孝经》列于群经之首,体现出《孝经》经典地位的巩固和强化。

---

① 舒大刚:《〈孝经郑注〉真伪诸说平议》,载《儒藏论坛》第6辑,四川文艺出版社2012年版。
② 陈壁生:《六艺根源之总会——郑玄的〈孝经〉观》,《国学学刊》2012年第2期。
③ 顿一鸣:《〈孝经郑注〉及其思想研究》,西北大学硕士学位论文,2020年。
④ 丁鼎:《〈孝经〉在儒家经典体系中的地位变迁——以两汉魏晋南北朝时期为讨论中心》,《管子学刊》2021年第4期。

　　余则多论及《古文孝经孔传》的形成，有刘增光《〈古文孝经孔传〉为伪新证——以〈孔传〉与〈管子〉之关系的揭示为基础》《刘炫〈孝经述议〉与魏晋南北朝〈孝经〉学——兼论〈古文孝经孔传〉的成书时间》二篇、吴天宇《再论〈古文孝经孔传〉的文本构成与历史语境》等。刘增光先生于《〈古文孝经孔传〉为伪新证——以〈孔传〉与〈管子〉之关系的揭示为基础》一文论《孔传》阴袭《管子》解《孝经》之内容占《孔传》篇幅达50%，据此可为《孔传》非孔安国所作，而是魏晋时人伪托之说定案；①其《刘炫〈孝经述议〉与魏晋南北朝〈孝经〉学——兼论〈古文孝经孔传〉的成书时间》一文，又进一步说明《古文孝经孔传》对《孝经》的解释有着浓重的法家色彩，此正与曹魏时期的名理之学及博通风气相合，同时亦与曹魏以重典治国相应，以此为线索可推测该书之成书当在曹魏时期。② 吴天宇《再论〈古文孝经孔传〉的文本构成与历史语境》指出隋初重现之《孔传》中包含三种性质各异的组成部分：一是东晋至萧梁时期传行的旧《传》，二是受六朝讲经与义疏学影响而形成的解说，三是援《管子》以释《孝经》的新解。③

　　唐代《孝经》学史总体研究者有王承举《唐代〈孝经〉文献考述》④、鲁洋《唐代〈孝经〉类文献研究》、韩婷《唐代〈孝经〉文献研究》等。鲁洋的硕士学位论文《唐代〈孝经〉类文献研究》⑤在总结唐前历代《孝经》文献之流传及孝道发展的基础上，对唐代《孝经》文献进行了梳理并概述唐代《孝经》文献的特点，后着重研究了唐玄宗御注《孝经》，促成了《孝经》在唐朝至高无上的地位。同年，韩婷的硕士学位论文《唐代〈孝经〉文献研

① 刘增光：《〈古文孝经孔传〉为伪新证——以〈孔传〉与〈管子〉之关系的揭示为基础》，《云南大学学报》（社会科学版）2014年第1期。
② 刘增光：《刘炫〈孝经述议〉与魏晋南北朝〈孝经〉学——兼论〈古文孝经孔传〉的成书时间》，《复旦学报》（社会科学版）2015年第3期。
③ 吴天宇：《再论〈古文孝经孔传〉的文本构成与历史语境》，《文史》2021年第4期。
④ 王承举：《唐代〈孝经〉文献考述》，《长江大学学报》（社会科学版）2013年第2期。
⑤ 鲁洋：《唐代〈孝经〉类文献研究》，东北师范大学硕士学位论文，2017年。

究》①也就唐代《孝经》文献进行了整体考证,论唐代《孝经》类文献约有24种,并分析其丰富之原因;兼论陆德明《经典释文·孝经音义》和唐玄宗御注《孝经》,并分析了唐代《孝经》文献的价值和研究意义。

余则多研究唐玄宗御注《孝经》,诸如陈壁生《明皇改经与〈孝经〉学的转折》、霍怡霏《李隆基〈孝经注〉研究》、任强《〈孝经注疏〉版本研究》等。陈壁生先生《明皇改经与〈孝经〉学的转折》一文论唐玄宗对《孝经》的改经和重注,促成了唐朝《孝经》学的根本转折,使《孝经》从"孔子为后世制定典宪的政治书,变成时王教诲百姓的伦理书,这一思路长久地影响了宋、元、明、清的《孝经》学"②。霍怡霏《李隆基〈孝经注〉研究》③结合政治和经学的双重视角,通过梳理唐以前的《孝经》传本和《孝经注》的成书过程,考察御注与疏文的关系,以文本分析为基础,从而揭示李隆基"帝王注经"背后的政治意图及其"移孝于忠"的基本思路,并重新认识其在《孝经》学史及隋唐经学史上的特殊地位。任强《〈孝经注疏〉版本研究》④对《孝经注疏》的成书、刊刻以及元十行本、明正德本、李元阳本、北监本、毛氏汲古阁本、武英殿本、阮刻南昌府学本等版本的流传进行了分析考述。

研究宋代《孝经》学史的主要有钟夏《宋代〈孝经〉文献研究》⑤、周燕飞《宋代〈孝经〉专题研究》⑥,其余则研究关注点多在司马光和朱熹的《孝经》学研究。具体有刘增光《朱熹〈孝经〉学探微三题——从元明学者的理解看》⑦、唐文明《朱子〈孝经刊误〉析论》⑧、陈壁生《朱子〈孝经〉

---

① 韩婷:《唐代〈孝经〉文献研究》,安徽大学硕士学位论文,2017年。
② 陈壁生:《明皇改经与〈孝经〉学的转折》,《中国哲学史》2012年第2期。
③ 霍怡霏:《李隆基〈孝经注〉研究》,四川师范大学硕士学位论文,2017年。
④ 任强:《〈孝经注疏〉版本研究》,南京师范大学硕士学位论文,2019年。
⑤ 钟夏:《宋代〈孝经〉文献研究》,河南师范大学硕士学位论文,2013年。
⑥ 周燕飞:《宋代〈孝经〉专题研究》,南京师范大学硕士学位论文,2013年。
⑦ 刘增光:《朱熹〈孝经〉学探微三题——从元明学者的理解看》,《杭州师范大学学报》(社会科学版)2013年第1期。
⑧ 唐文明:《朱子〈孝经刊误〉析论》,《云南大学学报》(社会科学版)2014年第2期。

学评议》①、张馨睿《朱熹〈孝经刊误〉研究》②。

此外，吴雪菡《南宋高宗御书〈孝经〉刻石考论》③通过校勘发现湖北省阳新县博物馆发现的高宗御书《孝经》石刻（后附有久佚的秦桧跋）来自唐玄宗本《孝经》，改变了"南宋太学石经"中没有《孝经》的传统认知。

另外，值得注意的是舒大刚、尤潇潇的《日本〈古文孝经孔传〉真伪再考察》④一文复核了日本传本的经传文字，发现其经文承袭了南宋学人合编玄宗注、司马光指解和范祖禹说时造成误注（"言之不通也"）的错误；其传文又与汉唐传孔传遗文并不一致，说明孔安国本《古文孝经孔传》并非中国汉唐所传。

元代《孝经》学研究的关注点主要集中于贯云石《孝经直解》和《孝经》在元代地位的变化。有黄晓东、宋晓蓉《对〈试论贯云石"孝经直解"的语言及其价值〉的再认识》⑤、高乐《贯云石〈孝经直解〉的词汇特点和研究价值》⑥、蔡春娟《元代〈孝经〉与〈小学〉的地位及受学状况》⑦等。

明代《孝经》学的整体研究有周佼的《明代〈孝经〉学研究》和刘增光《晚明〈孝经〉学研究》。周佼的《明代〈孝经〉学研究》指出明代《孝经》学呈现出和会朱陆、兼采汉宋的特色；刘增光的《晚明〈孝经〉学研究》⑧则从文献学角度对明代的《孝经》文献进行了梳理，揭示了晚明孝经学与朱子理学、阳明心学、三教合流思潮以及晚明政治礼制之间的内在关联。

其他研究成果则多集中于对黄道周、吕维祺《孝经》学文本和思想的

① 陈壁生：《朱子〈孝经〉学评议》，《哲学研究》2015 年第 10 期。
② 张馨睿：《朱熹〈孝经刊误〉研究》，曲阜师范大学硕士学位论文，2016 年。
③ 吴雪菡：《南宋高宗御书〈孝经〉刻石考论》，《文献》2021 年第 4 期。
④ 舒大刚、尤潇潇：《日本〈古文孝经孔传〉真伪再考察》，《济南大学学报》（社会科学版）2018 年第 4 期。
⑤ 黄晓东、宋晓蓉：《对〈试论贯云石"孝经直解"的语言及其价值〉的再认识》，《新疆社科论坛》2015 年第 1 期。
⑥ 高乐：《贯云石〈孝经直解〉的词汇特点和研究价值》，《齐齐哈尔大学学报》（哲学社会科学版）2020 年第 1 期。
⑦ 蔡春娟：《元代〈孝经〉与〈小学〉的地位及受学状况》，《首都师范大学学报》（社会科学版）2019 年第 6 期。
⑧ 刘增光：《晚明〈孝经〉学研究》，上海古籍出版社 2015 年版。

考察,如姚小芳《黄道周孝道思想研究》①、许卉《论黄道周的〈孝经〉学思想》②、陈居渊《吕维祺〈孝经大全〉的学术思想特色》③、张伟建《吕维祺及其〈孝经大全〉研究》④。其中,姚小芳《黄道周孝道思想研究》论黄道周的孝道思想超越了传统孝道思想,重在对人性善基础的强调,提升了"因性明教"的可行性,同时也超越了愚忠愚孝思想的桎梏。许卉《论黄道周的〈孝经〉学思想》则论黄道周《孝经》学为明代《孝经》学之高峰。

对清代《孝经》学总体进行研究者有胡恒《清代〈孝经〉研究述评》,张付东《晚清〈孝经〉学文献述略》⑤《晚清〈孝经〉学研究略论》⑥二篇。胡恒《清代〈孝经〉研究述评》⑦论清代《孝经》之学因统治阶层的关注带来学界研究的新面貌,在著述者人数、研究著作的数量和质量上都取得了超过前代的成就;随着来华传教士的传播,还引起了西方学者、宗教界等对孝的探讨。张付东二篇则论清代《孝经》学的发展主要表现为乾嘉汉学视野下的《孝经》考据与义理之学、汉宋调和语境下的《孝经》诠释之学、今文经学思潮影响下的《孝经》阐"微"及致用之学。晚清《孝经》学更体现出文化转型的特点。

余有吴仰湘《清儒对郑玄注〈孝经〉的辩护》⑧和姜元《清代〈孝经〉古注辑佚研究》⑨则分别从清代汉学和辑佚学的角度对清代《孝经》学进行了总结。

近现代《孝经》学的整体研究主要有刘明月《二十世纪〈孝经〉研

① 姚小芳:《黄道周孝道思想研究》,山西大学硕士学位论文,2017年。
② 许卉:《论黄道周的〈孝经〉学思想》,《河北大学学报》(哲学社会科学版)2019年第2期。
③ 陈居渊:《吕维祺〈孝经大全〉的学术思想特色》,《中国哲学史》2017年第3期。
④ 张伟建:《吕维祺及其〈孝经大全〉研究》,华中师范大学硕士学位论文,2019年。
⑤ 张付东:《晚清〈孝经〉学文献述略》,《湖北工程学院学报》2014年第5期。
⑥ 张付东:《晚清〈孝经〉学研究略论》,《地方文化研究》2013年第5期。
⑦ 胡恒:《清代〈孝经〉研究述评》,《龙岩学院学报》2018年第6期。
⑧ 吴仰湘:《清儒对郑玄注〈孝经〉的辩护》,《中国哲学史》2017年第3期。
⑨ 姜元:《清代〈孝经〉古注辑佚研究》,山东大学硕士学位论文,2020年。

究》,张付东《晚近广东学者的〈孝经〉研究》《民国〈孝经〉学研究略论》《民国〈孝经〉学文献述略》三篇,任强《21 世纪以来〈孝经〉研究综述》等。刘明月《二十世纪〈孝经〉研究》①梳理了 20 世纪西学影响下的《孝经》学,说明《孝经》学的发展与现状。张付东《民国〈孝经〉学研究略论》②《民国〈孝经〉学文献述略》③二篇则对民国时期的《孝经》相关文献略作梳理,论及了传统《孝经》学的绍述与流别、"后经学时代"的《孝经》综合研究及《孝经》学发展中的"异端"。任强《21 世纪以来〈孝经〉研究综述》④总结和概括了 2000 年以来对《孝经》的研究内容。

其余论著则仍以研究曹元弼、章太炎、熊十力、马一浮、宋育仁等晚近学人的《孝经》学著述为要。诸如于文博《德位关系的道德意涵——马一浮〈孝经大义〉中的"五孝"思想及当代价值》⑤、祝浩涵《〈孝经大义〉与〈孝经刊误〉——马一浮〈孝经〉学发微》⑥、刘增光《章太炎"新四书"体系中的〈孝经〉学》⑦、陈壁生《追寻六经之本——曹元弼的〈孝经〉学》⑧、刘增光《家、国、天下之间——熊十力的〈孝经〉观与孝论》⑨、任新民《涵养与应世之间——熊十力孝论及其〈孝经〉观》⑩、彭伊帆《宋育仁〈孝经正义〉思想研究》⑪等。

---

① 刘明月:《二十世纪〈孝经〉研究》,黑龙江大学硕士学位论文,2012 年。
② 张付东:《民国〈孝经〉学研究略论》,《湖北工程学院学报》2013 年第 1 期。
③ 张付东:《民国〈孝经〉学文献述略》,《广东技术师范学院学报》2015 年第 6 期。
④ 任强:《21 世纪以来〈孝经〉研究综述》,《文教资料》2017 年第 Z1 期。
⑤ 于文博:《德位关系的道德意涵——马一浮〈孝经大义〉中的"五孝"思想及当代价值》,《道德与文明》2015 年第 4 期。
⑥ 祝浩涵:《〈孝经大义〉与〈孝经刊误〉——马一浮〈孝经〉学发微》,《衡水学院学报》2021 年第 3 期。
⑦ 刘增光:《章太炎"新四书"体系中的〈孝经〉学》,《中国哲学史》2015 年第 4 期。
⑧ 陈壁生:《追寻六经之本——曹元弼的〈孝经〉学》,《云南大学学报》(社会科学版)2017 年第 4 期。
⑨ 刘增光:《家、国、天下之间——熊十力的〈孝经〉观与孝论》,《黑龙江社会科学》2017 年第 3 期。
⑩ 任新民:《涵养与应世之间——熊十力孝论及其〈孝经〉观》,《孔子研究》2017 年第 5 期。
⑪ 彭伊帆:《宋育仁〈孝经正义〉思想研究》,中南民族大学硕士学位论文,2019 年。

四、《孝经》思想和孝道文化研究

　　《孝经》思想和孝道文化是近十年来《孝经》学研究的一个热点,成果颇丰,笔者分"《孝经》传统思想阐释和现代价值探讨"和"孝道思想的演变"两种情形予以梳理论述。"《孝经》传统思想阐释和现代价值探讨"主要涉及了阐释传统孝道文化和论述孝道观念现代价值的诸多研究成果,这些成果多侧重于研究《孝经》之原旨和阐释孝道传统的现代意义。"孝道思想的演变"则主要涵盖了分析历代孝道思想演变的研究成果。

(一)《孝经》传统思想阐释和现代价值探讨类成果

　　此类研究成果主要从经学、哲学、伦理学、政治学、社会学等角度对《孝经》传统思想和现代价值进行解读。

　　著作类成果:舒大刚《至德要道:儒家孝悌文化》[1]剖析了儒家传统孝悌文化及其内在精神价值,并对当代如何继承发扬孝悌文化进行了论述。李文玲、杜玉奎《儒家孝伦理与汉唐法律》[2]从先秦儒家孝伦理思想的内涵及特点、汉代孝伦理的法律化、唐代孝伦理的法律化、汉唐孝伦理法律化的原因及其对现代的启示四个方面进行论述。罗国杰编著的《传统伦理与现代社会》[3]和《中国伦理思想史》[4]皆探究了《孝经》的伦理思想,并在此基础上分析了中国传统伦理思想对现代社会治国兴邦和道德建设的借鉴意义。

　　期刊论文类成果:欧阳祯人《〈孝经〉——安邦定国的法宝》[5]从"天

---

[1] 舒大刚:《至德要道:儒家孝悌文化》,山东教育出版社 2012 年版。
[2] 李文玲、杜玉奎:《儒家孝伦理与汉唐法律》,法律出版社 2012 年版。
[3] 罗国杰:《传统伦理与现代社会》,中国人民大学出版社 2012 年版。
[4] 罗国杰主编:《中国伦理思想史》,中国人民大学出版社 2016 年版。
[5] 欧阳祯人:《〈孝经〉——安邦定国的法宝》,载邓辉、郭美华主编:《东方哲学》第 9 辑,上海书店 2016 年版,第 11—20 页。

地之性人为贵"的核心价值着手,论述《孝经》通于四海的平天下之功。朱雷《〈孝经〉中的伦理主体与礼制》①从伦理学的角度来看,认为《孝经》的核心关注点是以行为与行事为主的规则和规范问题。陈鹏《先秦儒家孝理念的情感根据、价值困境与现实出路》②分析了先秦儒家孝理念初衷的价值指向、情感依据,以及现代的出路等。吴天宇《论先秦儒家沟通君父思想的展开及其学理依据》③考察了先秦儒家君父思想的展开过程和战国儒者沟通君父的多元路径。施亚男《〈孝经〉德教化思想研究》④论述了《孝经》道德教化的渊源、主要内容、基本特征和实践方法,兼及现代之启示。申圣超、梁花《〈孝经〉论孝道之行及其现代意蕴》⑤从爱敬亲长乃行孝之本、爱己之心乃行孝之始、逢过谏净乃孝道中应有之义三方面解读《孝经》的现代意义。此外还有杨辉《对〈孝经〉"孝"论的现代审视》⑥、朱然《〈孝经〉孝道思想及现代意义》⑦、赵妍杰《近代中国非孝论反思》⑧、陈青《〈孝经〉中孝道思想及其现代价值研究》⑨等。

(二) 分析孝道思想的演变类成果

著作类成果:曾振宇《思想世界的概念系统》⑩第六、七、八章概述儒家孝观念的发生、演变与对后世文化、法律的影响。杨志刚《〈孝经〉与孝文化》⑪系统梳理了古今中外对《孝经》的阐释、借鉴和应用,界定出了"孝文化"的含义,分析了《孝经》与孝文化之间的关系。安冠英、张云令

---

① 朱雷:《〈孝经〉中的伦理主体与礼制》,《道德与文明》2017 年第 2 期。
② 陈鹏:《先秦儒家孝理念的情感根据、价值困境与现实出路》,《湖南社会科学》2019 年第 6 期。
③ 吴天宇:《论先秦儒家沟通君父思想的展开及其学理依据》,《中国史研究》2021 年第 3 期。
④ 施亚男:《〈孝经〉德教化思想研究》,西北师范大学硕士学位论文,2020 年。
⑤ 申圣超、梁花:《〈孝经〉论孝道之行及其现代意蕴》,《教育探索》2012 年第 8 期。
⑥ 杨辉:《对〈孝经〉"孝"论的现代审视》,《学术交流》2014 年第 8 期。
⑦ 朱然:《〈孝经〉孝道思想及现代意义》,苏州大学硕士学位论文,2017 年。
⑧ 赵妍杰:《近代中国非孝论反思》,《社会科学研究》2018 年第 1 期。
⑨ 陈青:《〈孝经〉中孝道思想及其现代价值研究》,中国矿业大学硕士学位论文,2019 年。
⑩ 曾振宇:《思想世界的概念系统》,人民出版社 2012 年版。
⑪ 杨志刚:《〈孝经〉与孝文化》,人民日报出版社 2014 年版。

主编的《孝道文化古今谈》①论述了孝道的产生、发展和延续,介绍了从古至今孝子代表的生平和孝道行为。季庆阳《孝文化的传承与创新:基于大唐盛世的考察》②从文化角度对唐代孝文化的历史演变及孝文化源流进行了论述。李仁君《中华孝文化初论》③阐述了孝德、孝道和孝治的历史发展过程,最后对孝治之后孝的发展、变异以及现代性反思进行了系统梳理。韩德民《孝悌与君子》④从父子关系谈起,追溯孝悌之渊源,分析了孝道精神与仁、礼、政治等关系,以及这一伦理道德对中国人家庭结构、女性地位以及政治风化构成的影响。赵文宇、曾振宇合著的《孝》⑤从"孝"字的源流出发,从字形演变来了解历史上各个时期孝内涵的演变,以及历史上各个时期思想家们与"孝"相关的经典理论。

期刊论文类成果:何日取《近代以来中国人孝观念的嬗变》⑥、任玥《"孝"与"忠"的双重变奏——从忠孝关系的演变看儒学传统的历史实践》⑦、伏亮《孝的传承与重建——以〈孝经〉为中心考察》⑧、陈支平《〈孝经〉释义及其变迁》⑨、刘芳、孔祥成《孝道视阈下传统精神家园的三维建构及其当代启示》⑩等,从不同的角度皆对孝道思想的演变进行了论述。

---

① 安冠英、张云令主编:《孝道文化古今谈》,金盾出版社 2015 年版。
② 季庆阳:《孝文化的传承与创新:基于大唐盛世的考察》,西安电子科技大学出版社 2015 年版。
③ 李仁君:《中华孝文化初论》,中国社会科学出版社 2018 年版。
④ 韩德民:《孝悌与君子》,北京联合出版公司 2019 年版。
⑤ 赵文宇、曾振宇:《孝》,华夏出版社 2019 年版。
⑥ 何日取:《近代以来中国人孝观念的嬗变》,南京大学博士学位论文,2013 年。
⑦ 任玥:《"孝"与"忠"的双重变奏——从忠孝关系的演变看儒学传统的历史实践》,《政治思想史》2016 年第 4 期。
⑧ 伏亮:《孝的传承与重建——以〈孝经〉为中心考察》,云南师范大学硕士学位论文,2017 年。
⑨ 陈支平:《〈孝经〉释义及其变迁》,《中国高校社会科学》2019 年第 6 期。
⑩ 刘芳、孔祥成:《孝道视阈下传统精神家园的三维建构及其当代启示》,《伦理学研究》2021 年第 1 期。

五、《孝经》类文献整理研究

近十年来随着《孝经》研究逐渐回归和走热,学界关注和研究历代《孝经》学文献者日多。研究的基础在于对古文献的整理,故对《孝经》文献的点校整理类成果也因之日多,下表予以简单梳理:

表 1　近十年《孝经》类文献整理研究成果

类别	整理者	书名	原作者	版别
《孝经》文献点校类	郭金鸿	孝经郑玄注汇校	[汉]郑玄	中国社会科学出版社2021年版
	曾海军	宋元孝经学五种	[宋]司马光、[宋]范祖禹《古文孝经指解》;[宋]朱熹《孝经刊误》;[元]董鼎《孝经大义》;[元]吴澄《孝经定本》;[元]朱申《晦庵先生所定古文孝经句解》	中国社会科学出版社2019年版
	许卉、蔡杰、翟奎凤	孝经集传	[明]黄道周	中国社会科学出版社2018年版
	胡正武	孝经郑注补正	[清]洪颐煊	《洪颐煊集》卷1,上海古籍出版社2017年版
	张立华	孝经传说图解	[清]金柘岩	安徽人民出版社2013年版
	谭继和、祁和晖	孝经直解	[清]刘沅	《十三经恒解笺解本》卷10,巴蜀书社2016年版
	吴仰湘	孝经郑注疏	[清]皮锡瑞	中华书局2016年版
	常达	孝经郑注疏	[清]皮锡瑞	中国社会科学出版社2018年版
	宫志翀	孝经郑氏注笺释	曹元弼	中国社会科学出版社2018年版
	宫志翀	孝经学	曹元弼	中国社会科学出版社2018年版

（续表）

类别	整理者	书名	原作者	版别
《孝经》文献整理类	尚波	中华孝经大全集		中国华侨出版社 2012 年版
	骆明、骆承烈、周海生	中华孝文化研究集成		光明日报出版社 2013 年至 2016 年版
	徐景荣	中华孝德文选		西泠印社 2014 年版
	四川大学古籍整理研究所	《儒藏》第 23—27 册"经部·孝经类"		四川大学出版社 2017 年版
	刘欣	孝经文献全编		巴蜀书社 2021 年版

六、《孝经》类出土文献研究

《孝经》类出土文献主要有敦煌遗书、西夏文草书和其他一些简帛文书等数种。自 20 世纪初敦煌文献和西夏文草书发现后，因历史原因，学者未对其中的《孝经》类文献进行深入研究。进入 21 世纪后，相关研究才逐步恢复，成果丛出，新论频现。

下表列分敦煌《孝经》文献、西夏文草书《孝经》文献、其他出土文献三类，对近十年来《孝经》类出土文献的研究成果分类概述：

表 2　近十年《孝经》类出土文献研究成果

属别	分类	题名	作者	版别	概要
敦煌《孝经》文献研究成果	郑注类	《孝经郑注》真伪诸说平议	舒大刚	《儒藏论坛》，四川文艺出版社 2012 年版	将敦煌本《孝经》与传世本《孝经》相结合，回顾了历史上有关《孝经》郑注的争论，并就清以来对郑注的辑佚和恢复工作进行全面评述
		敦煌本《孝经郑注义疏》体例特点及其文献学价值	吕玲娣	《阜阳师范学院学报》（社会科学版）2018 年第 5 期	探讨敦煌本《孝经郑注义疏》在注释体例和在义疏学史上的研究价值

（续表）

属别	分类	题名	作者	版别	概要
敦煌《孝经》文献研究成果	郑注类	敦煌《孝经注》残卷的文献价值	吕冠南	《西南交通大学学报》（社会科学版）2020 年第 4 期	探讨敦煌《孝经注》残卷在还原郑注的错简、辨析误辑的郑注和验证前贤对注文的校勘这三个方面的文献价值
	御注类	敦煌写本 P. 3816《御注孝经赞并进表》再考	王庆卫	《国学学刊》2021 年第 3 期	考证了《御注孝经赞并进表》之作者、抄写年代及文本生成史
	考释类	吐蕃统治时期敦煌官府抄写《孝经》考	陆离	《敦煌吐鲁番文书与中古史研究：朱雷先生八秩荣诞祝寿集》，上海古籍出版社 2016 年版，第 49—60 页	敦煌文书 S. 5818 号《请处分写〈孝经〉判官安和子状》文书，反映了吐蕃敦煌官府曾经组织蕃汉人员抄写儒家经典《孝经》的情况
		英藏敦煌社会历史文献释录	郝春文	社会科学文献出版社 2016 年版	
		敦煌本《孝经》整理研究	王英博	曲阜师范大学硕士学位论文，2018 年	此校勘是基于敦煌写卷的释录。以敦煌本《孝经》白文伯三六九八号和《孝经郑注》伯三四二八、伯二六七四号为底本
	蒙书类	敦煌写本《百行章》孝道思想初探	郭明霞、郎全发、王文瑜	《兰州学刊》2012 年第 5 期	《百行章》运用孝道思想维护封建社会伦理道德观念，完善统治阶级对社会的全面治理
		童蒙文化研究	金滢坤主编	人民出版社 2016 年版	
		唐代儿童的孝道教育——以《孝经》为中心	金滢坤	《山西大学学报》（哲学社会科学版）2018 年第 3 期	唐代孝道启蒙教育将《孝经》作为最重要的经典，其主要因素有二：一是《孝经》宣扬忠孝观念，符合国家统治的需求，得到帝王的高度重视；二是《孝经》是科举考试的最基本内容，士人从事举业必须从《孝经》学起
		唐五代敦煌蒙书编撰与孝道启蒙教育——以《孝经》为中心	金滢坤	《首都师范大学学报》（社会科学版）2019 年第 5 期	从敦煌文献来看，《孝经》被蒙书、诗赋、赞、颂、杂曲、变文等各种文体改编、缩写、摘录，用于儿童的孝道教育

（续表）

属别	分类	题名	作者	版别	概要
敦煌《孝经》文献研究成果	蒙书类	蒙书与童蒙书——敦煌写本蒙书刍议	黄正建	《敦煌研究》2020年第1期	要区别儿童读过的书（如《孝经》《论语》）与儿童读物（如《千字文》《蒙求》），前者未必是童蒙书
西夏文草书《孝经》文献	译释类	西夏文《孝经传》草书初探	彭向前	《宁夏社会科学》2014年第2期	本文首次对该书中的西夏文草书结字做了分析，探讨了西夏文草书中的"同符异用""一字多写""形似字"等问题，纠正了格林斯蒂德西夏文楷书转写中的错误，并对相关例句做了试译。文后附草书符号（左偏）100种。文章对复原久已亡佚的吕惠卿《孝经传》，对促进西夏文草书研究具有重要意义
		西夏文草书《孝经传序》译释	彭向前	《宁夏社会科学》2017年第5期	以专文的形式对西夏文《孝经传序》重新做出译释，译释工作包括楷书转写、校勘、对译、汉译、注释等，首次展现这篇序言的主要内容
		《孝经》两种西夏文译本的比较研究	段玉泉	《中华文史论丛》2018年第1期	出土西夏文献中，发现三种《孝经》类文献材料，分属吕惠卿《孝经传》与唐玄宗《孝经注》两种不同文献，本文从多角度进行比较，明确其出自不同译者之手，为不同的两种西夏译本。本文亦对此前未解读的俄藏十二章经文与英藏本同存世汉文本做对勘解读
	集录类	俄藏黑水城汉文非佛教文献整理与研究	孙继民、宋坤、陈瑞青等	北京师范大学出版社2012年版	第五册"八、宋刻本《孝经注》"残卷
		中国藏黑水城汉文文献的整理与研究	孙继民等	中国社会科学出版社2016年版	元习抄《孝经》残片
	考证类	黑水城汉文经史文献考述与残叶复原	唐方	宁夏大学硕士学位论文，2012年	第三节"《孝经》及其注本"对F43:W2《孝经》残页（《孝经直解》）进行复原

属别	分类	题名	作者	版别	概要
西夏文草书《孝经》文献	考证类	黑水城文献刻本残叶定名拾补二则	秦桦林	《文献》2015 年第 6 期	本文根据历代书目以及传世古籍，对黑水城文献中两组未定名的刻本残页进行相关考索，分别定名为《孝经直解》与《三国志文类》，并依据版式特征进一步指出，前者当为元浙本，后者当为元建本
		中国藏黑水城汉文文献之《孝经》残片关系考论	张新朋	金滢坤主编:《童蒙文化研究》第 1 卷，人民出版社 2016 年版，第 137—145 页	《中国藏黑水城汉文文献》收有《孝经》残片 20 片，本文对这 20 片残片之间的关系加以梳理，将其中来自同一抄本者加以缀合，最终形成 4 个来自不同的人所书的不同抄本的片段
		英国国家图书馆藏《孝经》西夏译本考	孙颖新	《宁夏社会科学》2017 年第 5 期	释读推断英藏本和俄藏本当出自不同译者之手。据翻译方法推断英藏本的译出时间早于俄藏本
		西夏文草书《礼记》异文一则	李晓春、彭向前	《西夏研究》2018 年第 1 期	推断西夏文草书《孝经传》传文所引《礼记》中的一段文字有可能是吕惠卿当年为《孝经》作注时别有所本，也可能是他本人揆诸情理而做了改编。本文并为《礼记》中的这段文字提供了一种新的注释
其他出土文献	解简类	孝经的成书年代、作者及版本考论——以出土文献"郭店简""上博简""定县汉简"等为参照	徐正英、常佩雨	《国学研究》2014 年第 1 期	从文本的名称、传播、体裁、思想源流、衍生形态等方面推测《孝经》当成书于战国早期，作者当是曾子弟子乐正子春
		肩水金关汉简所见《孝经》经文与解说	黄浩波	《中国经学》2019 年第 3 期	通过与传世今古文本《孝经》对照，根据重要异文、分章异同等判断简文所见属于今文本，而且可能是未经刘向点校的今文本
		《儒家者言》"未解章"初揭——现存最早经传合璧的《孝经》抄本	苏成爱	《文献》2020 年第 1 期	考释定县汉简《儒家者言》第 24 章简文与《风俗通义》所引《孝经》相同，以此为突破口，可以确定此章为带有经说的《孝经》，是现存最早的经传合璧的《孝经》抄本

（续表）

属别	分类	题名	作者	版别	概要
其他出土文献	解简类	典册琳琅：海昏简牍整理与研究的新进展	西汉海昏侯刘贺墓出土简牍与研究课题组、杨博	《中国史研究动态》2020 年第 6 期	简本中与《孝经》和"孝"的说解内容相关的，包括残简在内共约 660 枚，何晋先生指出它们与八角廊和肩水金关汉简的相关内容相似，如果不是夏侯始昌的《孝经》说，便可能是《后氏说》或者《翼氏说》，或者是二者的早期源头
		《地湾汉简》所见"孝经"残简试解	魏振龙	《敦煌研究》2020年第 4 期	《地湾汉简》中收录了一枚编号为 86EDHT：17 的简，所载内容见于今传本《孝经·诸侯章》，但却与之有异，或是汉代经师对《诸侯章》相关语句所作注解的残文。同时，该简所载的内容与肩水金关遗址 T31 出土的《孝经》残册具有一定的关联性，或是该册所未见的部分内容
	古文类	明代北京国子监《古文孝经》刻石考	张云燕	《故宫博物院院刊》2015 年第 4 期	推测北京石刻艺术博物馆藏明代天启三年北京国子监官员共同刻立两方刻石，底本与当时常见的古文本不甚相同，甚至是参照今文改易过部分文字的经本
		从唐宋文献看大历出土《古文孝经》之价值	舒大刚	《宋代文化研究》第 25 辑，四川大学出版社 2019 年版	考论宋人所传《古文孝经》应当渊源于大历出土本
	异文类	《孝经》异文研究	申振	四川外国语大学硕士学位论文，2018 年	以传本《孝经》与敦煌本、吐本、石刻本、佚存本之间的异文为研究对象，全面梳理了《孝经》中的异文，并从文字发展的角度对异文进行辨析和探讨

七、《孝经》学的域外传播及相关研究

《孝经》之意旨自先秦产生就是儒家道德的核心内容，其蕴涵的孝悌文化和孝道思想不仅影响了中国历代伦理纲常、政治制度和道德文化，而且随着中国古代《孝经》文献在域外日本、韩国、越南等东亚、东南亚地区的流传,孝悌文化也对这些中国近邻产生了极大的影响。近代中西文化的互动又使得孝道思想和《孝经》文本流向西方。当代以来,中国在世界范围内的影响力益强,中华传统孝悌文化也逐渐在世界范围内被认识和接受,相关的研究成果日丰。近十年来关于《孝经》学和孝道文化的域外研究在东亚、东南亚和欧美地区都有涉及,包括日本、韩国、越南、俄罗斯的《孝经》学传播,以及中西孝道相关文化的比较研究等。

表3　近十年《孝经》域外传播文献研究成果

地区	国别	题名	作者	版别	概要
东亚、东南亚地区	日本	《孝经》在古代日本的传播与影响	任晓霏、毛天培、解泽国	《域外汉籍研究集刊 第十八辑》2019年第1期	根据《孝经》在日本传播的时代与主导者不同,主要分为三个阶段:传播伊始、持续繁荣、再传播与发展,时间段主要是从日本飞鸟时代初期(5世纪初)到江户时代末期(19世纪中叶)
		奝然与《孝经》	曹星	张西平、顾钧主编:《比较文学的新视野》,华东师范大学出版社2012年版,第144—151页	考论奝然之前中国已有《孝经》和《越王孝经新义》,认为《宋史·日本国传》所载此事应释为此二书非奝然献于宋太宗,而应为宋太宗赐予奝然
		贯云石《孝经直解》在日本的传播与影响	吴真	《民族文学研究》2019年第6期	1933年中土久佚的贯云石《孝经直解》元刊本重现于日本,1938年,北平(今北京)来薰阁将此孤本影印刊布,其背后的推手是日本京都大学的戏曲研究者
		孝文化在东亚的传承和发展	隽雪艳、黑田彰编	上海远东出版社2021年版	搜集了众多学者在孝文化相关文献、文学、语言等方面的研究成果。论述严谨,文献翔实,兼具开阔的学术视野,对孝文化在时间、空间中的传承与流行进行严密考证
		日本朝川善庵《古文孝经私记》之价值	史少博	《孔子研究》2019年第1期	日本江户时期儒者朝川善庵对《古文孝经》版本、字体、内容予以考证

（续表）

地区	国别	题名	作者	版别	概要
东亚、东南亚地区	日本	中国典籍日本注释丛书·孝经卷	张培华	上海古籍出版社2021年版	收录日本汉学家《孝经》相关著作六种：中江藤树《孝经启蒙》、贝原存斋《孝经纂注》、片山兼山《古文孝经参疏》、山本北山《孝经集览》、朝川善庵《孝经私记》、九鬼隆都《古文孝经摄字注》
	韩国	论《孝经》对"中韩"道德发展及其社会现代化转型的意义	吴育林、张松	《湖南大学学报》（社会科学版）2015年第3期	述《孝经》蕴涵孝理念与韩国的道德教育发展。认为孝道作为儒家文化的基石，在今天的韩国社会精神文明生活中仍占有主导地位，浸透在社会物质生活和精神生活的各个方面
	越南	孝之本：越南绵寓皇子对《孝经》的诠释	李焯然	《中心与边缘：东亚文明的互动与传播》，广西师范大学出版社2015年版，第65—86页	解读越南阮朝皇子绵寓的《孝经立本》，发明绵寓对《孝经》之"本"的诠释：修身齐家是本，治国平天下是末
		越南儒者对《孝经》的诠释——以《孝经立本》为中心	张捷	《中国哲学史》2019年第3期	《孝经立本》即为阮朝皇子阮绵寓所作
	中国	家与孝：从中西间视野看	张祥龙	生活·读书·新知三联书店2017年版	作者对西方晚近海德格尔等关于家的思想做了系统阐述，通过中西比较，揭示出中国传统哲理的较为独特之处不仅在于家道，更在于其对"家"的理解是一种直接可经验的亲子一体的方式
		神圣的家：在中西文明的比较视野下	吴飞主编	宗教文化出版社2014年版	剖析了古今中外对家庭、婚姻、礼仪等社会问题的看法
欧美地区	英译	从英译《孝经》浅析中西孝文化差异	杨佳	《考试周刊》2015年第30期	将《孝经》进行英译时，应采用新的社会价值标准，从宏观的角度理解《孝经》所阐述的孝道，着重其对现代生活的启迪作用，更需承认中西方文化存在差异这一事实，用崭新的观点和恰当的翻译技巧，实事求是、公正公允地将中国孝文化精髓传播到西方国家

地区	国别	题名	作者	版别	概要
欧美地区	英译	罗思文、安乐哲对《孝经》的诠释和翻译	曾春莲	《学术研究》2013年第3期	罗思文、安乐哲合作翻译的《孝经》特点:首先表现在他们对于《孝经》的诠释突出了家庭的重要性;其次他们认为以"孝"为中心的儒家伦理学不同于以个人主义、自主、理性、自由为基础的西方伦理学,可以被称作角色伦理学;另外他们在解读《孝经》时力图避免基督教化的倾向,他们在翻译时尽量尊重汉语"事件性""联系性"和"过程性"的特点
		中华孝文化"走出去"之《孝经》英译本海外接受研究	靳秀莹	《乐山师范学院学报》2021年第7期	通过海外图书馆馆藏情况、海外网络读者评价及读者问卷调查三个方面对《孝经》英译本在海外的接受情况进行调查,表明《孝经》国人译者译本海外可获得性低;海外读者对《孝经》英译本翻译质量整体满意度高;《孝经》英译本海外阅读人群少但潜在读者多
	俄罗斯	中国文献史	〔俄〕瓦西里耶夫著,赵春梅译	大象出版社 2014年版,第64—78页	内论:作为儒家伦理道德基础的家庭、《孝经》、释礼、宗教与儒家政治,体现儒家治国理想的《书经》等

八、结　语

传统的孝道观念在其形成和发展过程中,不可避免会受到当时所处社会制度、时代条件和人们认识水平的局限和影响。近十年来,随着更多新材料的发现和新观点的提出,以及唯物辩证法的普及和对孝道观念认识上的转变,相关研究更多是从客观的角度分析其对社会秩序、文化环境和家庭伦理等方面的影响。学界相关研究也以更加科学的态度来对待孝道传统和《孝经》,相应之观点也逐步推陈出新,与现代民主制度相适应。《孝经》经典地位日益回稳,《孝经》研究也渐趋走热。

（责任编辑:陈长文）

书评

《"三〈礼〉"真精神》评介

夏　微*

摘要:程奇立教授《"三〈礼〉"真精神》一书从三礼文献历代传承、研究入手,全面介绍了三《礼》的思想内容,论述了三《礼》中最精彩、最有生命力的篇章中蕴涵的思想价值和治术意义,对历来众说纷纭、莫衷一是的礼学公案,提出具有参考价值的意见。本书既可作为国学爱好者了解国学基础知识的普及性读物,也可作为专业学者深入探讨礼学研究前沿的津梁。

关键词:《周礼》　《仪礼》　《礼记》　思想内涵

　　文化复兴是中华民族伟大复兴的基石,而复兴文化的核心要义在于传承和发展中华优秀传统文化。就内涵而言,中国传统文化的核心内容是以孔子创立的儒家思想体系为主、广泛影响中华民族精神和发展走向的主流观念和价值取向,其中"礼"是儒家思想体系的核心价值观念,是中国传统文化有别于西方文化的特质。在中国古代,"礼"不仅包含日常生活中待人接物的礼节或规矩,还包括我国古代社会生活中各个领域的

---
*　夏微,历史学博士,西南财经大学社会发展研究院教师,主要从事《周礼》学文献、民俗文献研究。

制度和规范,并包容了与这些制度和规范相适应的思想观念。

三《礼》(《周礼》《仪礼》《礼记》)是儒家记载礼制、礼仪和礼义的基础经典,若想准确把握中国传统文化的内涵,传承并发扬中华优秀文化,必然离不开对三《礼》的重新解读、重新认识和评估。当前,有关三《礼》的普及性读物非常少,有关三《礼》的论著又具有较强的专业性,或考据艰深,或语言晦涩,可读性不强,这既不利于揭示三《礼》经典的真正内涵,也不能发挥三《礼》在当下文化建设中应有的作用,非常可惜。程奇立教授大作《"三〈礼〉"真精神》(广东高等教育出版社 2019 年版)的出版可谓恰逢其时,此书用通俗而不失学术内涵的文字介绍了三《礼》中最精彩、最有生命力的内容,阐述了这些内容蕴涵的思想价值和学术意义。本书较全面、系统地揭示了三《礼》的思想内容,指示了三《礼》研究的入门方向,既可作为国学爱好者了解国学基础知识的普及性读物,也可作为专业学者深入探讨礼学研究前沿的津梁。约略说来,本书主要有如下几方面的特点:

第一,结构合理,内容全面。

全书结构合理,从三《礼》文献历代传承、研究入手,全面地介绍了三《礼》的思想内容。《"三〈礼〉"真精神》一书主要分"绪论"、第一编"《周礼》与古人的制度设计"、第二编"《仪礼》——礼的节目与仪轨"、第三编"《礼记》与内圣外王之道——心性之学与政治哲学"四部分。"绪论"部分提纲挈领,论述了"礼"的内涵和基本精神、"礼"之于中国古代政治的治术价值、"礼"的特质和中华民族精神塑造,尤其充分地论证了"礼"是中国传统文化的核心。第一编介绍了《周礼》的发现、作者和成书年代,《周礼》中的阴阳五行思想、礼法相济的社会治理思想,《周礼》记载的宗庙祭祀之礼和畿服、爵位、乡遂、昭穆等制度,历代研究《周礼》的成果及其特点。第二编介绍了《仪礼》的成书,《仪礼》体现的周代宗法制度与伦理观念及其他上古文化信息,《仪礼》的传授和历代《仪礼》研究的成果。

第三编介绍了《礼记》的编纂与流传,《礼记》中的内圣外王之道、心性之学和政治哲学,探讨了《礼记》之于现代社会文化建设的价值,历代的《礼记》研究及其成果。

第二,语言典雅,揭其奥旨。

全书用通俗而不失学术内涵的语言,阐述了三《礼》中最精彩、最有生命力的篇章中蕴涵的思想价值和治术意义。

本书作者指出,《礼记》中的许多篇章都从不同角度阐述了儒家的礼乐文化既是一种社会理想,也是一项伦理道德原则与规范,儒家礼乐文化的基本精神就是"和""和谐",这决定了"礼"的社会功能是用来协调社会各阶层的关系,实现整个社会的和谐有序。《礼记·儒行》曰"礼以和为贵"。"贵和"即崇尚和提倡和谐的社会人际关系,就是儒家礼乐文化最主要的价值取向。这一取向就要求社会各个阶层的人都应当在"礼"的制度框架下和平共处。当个人与他人、个人与社会之间发生矛盾与冲突时,应采取宽容、谦让的态度,求大同存小异。只有这样才能建立起和谐的人际关系、协调的群际关系,形成良好的社会秩序,从而形成整个社会的强大凝聚力。本书作者还指出,中华民族数千年来一直处于"大一统"的政治格局之下,儒家礼乐文化"贵和"的价值取向在其中发挥了重要的隐性作用。数千年的影响和积淀,"贵和"的价值取向已经广泛而深刻地渗透于古代社会的政治、法律、军事、教育、宗教、伦理和文化艺术之中,形成宽容礼让、谦恭善良、求大同存小异的道德传统,成为中华民族社会习俗风尚的底蕴,成为周秦以来数千年中国古代文化的基本范式,成为我们中华民族精神的文化基因。

第一编"《周礼》与古人的制度设计"中,作者指出,《周礼》设计出一套由王驾驭六官(天官冢宰、地官司徒、春官宗伯、夏官司马、秋官司寇、冬官司空)对王朝政务和社会生活进行治理的管理体系,这套管理体系的特点之一就是突出"礼"在朝政管理和社会治理中的特别作用。除"春官宗伯"专掌礼事、负责对万民进行礼义教化外,《周礼》其他各官也都参与对民众进行礼义教化的政务活动,由于各官职掌不同,他们施行礼义教化的内容是有所差异的,大致可分为礼仪教化、道德教化和礼法教化等方面,大司徒教民的"十二教"就包括:"一曰以祀礼教敬,则民不苟;二曰以阳礼教让,则民不争;三曰以阴礼教亲,则民不怨;四曰以乐礼教和,则民不乖;五曰以仪辨等,则民不越;六曰以俗教安,则民不偷;七曰以刑教中,则民不虣;八曰以誓教恤,则民不怠;九曰以度教节,则民知足;十曰以世事教能,则民不失职;十有一曰以贤制爵,则民慎德;十有二曰庸制禄,则民兴功。"①《周礼》中各官实施各种礼义教化的最终目的,在于对全社会的人们进行人文化育,把自然的人纳入到政治性、伦理性轨道上来,使各等级、各阶层的社会成员能自觉遵守社会礼仪规范,和平相处,共同维护社会秩序的正常运转。

第三,言简意赅,条分缕析。

自古以来议礼如聚讼,而三《礼》是记载先秦礼制最重要的经典,对于纷纭复杂的礼制问题,本书不仅能条分缕析,厘清各家聚讼的焦点,还能言简意赅,罗列证据,提出明确的观点。

《周礼》记载的五等爵制与《礼记》《孟子》等记载的爵制大同小异,汉唐以降的古代学者基本是接受和承认这一制度的。20世纪,伴随地下出土文献的发现、释读,傅斯年、顾颉刚、郭沫若、杨树达等许多知名学者利用金文资料,开始否定先秦时期五等爵制的历史真实性,他们或者认为公、侯、伯、子、男五名号不属于同一个称谓系统,或者指出《周礼》《礼记》和《孟子》所记述的五等爵制并非西周春秋时期真正实行过的制度。但王世民、金景芳、陈恩林等先生参照甲骨文、金文和传世文献的有关记载,肯定西周至春秋战国时期确实存在着较为明确的爵称和爵位序列,主张《周礼》《礼记》和《孟子》等先秦文献中所记述的五等爵制不能被轻

---

① 《周礼·地官·大司徒》。

易否定。对此问题,本书作者赞同王世民、金景芳、陈恩林等先生的观点,他认为先秦传世文献与两周金文中《周礼》及其他文献所载的周代五等爵制确实存在一些混乱现象,文献中这些不同的记述一方面可能是爵位制度长期发展演变的反映,另一方面可能是出于传闻异辞,因此不能因为存在这些记述的歧异而否定五等爵制的存在。

周代宗法系统中是否包括天子和诸侯,即后世所谓的"宗统"与"君统"是否合一的问题,早在汉代就有了不同的说法。《诗经》毛传将"大宗"解释为王者本人,是将"宗统"与"君统"看成是合一的,也就是将天子、诸侯纳入了宗法系统之中。而郑玄将"大宗"解释为王之同姓嫡子,就是认为"君统"与"宗统"不是合一的,天子、诸侯不在宗法系统之中。由于郑玄精研三《礼》,且对群经均有很深入的研究,因而自汉迄清的学者多宗郑玄之说,如唐孔颖达,清万斯大、毛奇龄、程瑶田,均认为宗统与君统是分离的。然而当代许多学者,如范文澜、吕振羽、周谷城、李玄伯、郭沫若与孔德成等,普遍认为天子是天下的大宗,诸侯是一国的大宗,即主张"宗统"与"君统"是合一的。由于以上诸位先生都是有影响的学者,致使"宗君合一"论在当代学术界大有成为定论之势。对此问题,本书作者赞同金景芳、陈恩林二位先生的观点。金景芳先生认为,宗法制产生于周代,是在阶级关系充分发展的历史条件下,统治者对血缘关系进行的改造、限制和利用,目的是隔断血缘关系对天子、诸侯之君权的干扰,同时发挥宗族对君权的捍卫作用。宗法制最基本的特点就是《礼记·大传》与《丧服小记》所谓的"别子为祖"。所谓"别子",就是令公子、公孙与"君统"相区别,即从"君统"中分离出来,另立"宗统"。公子与公(新君)虽有兄弟之亲,但实行宗法后,公子应称公(新君)为君,不能称公为兄或弟。其实质是使血缘关系服从政治关系,即政治关系高于血族关系。后陈恩林先生通过考察周代王公家族的分化过程,进一步以马列主义理论论证了"君统"与"宗统"为二事,批驳了以"宋祖帝乙、郑祖厉王"

来证明"君统"与"宗统"合一的观点。本书作者认为《仪礼·丧服》所记载的丧服制度较充分地体现了"宗统"与"君统"相分离的关系,而金景芳、陈恩林二位先生的论断基本廓清了笼罩在"宗统"与"君统"是否合一这一问题上的迷雾,较为圆满地解决了"君统"与"宗统"的关系问题。

第四,旁征博引,明辨是非。

全书旁征博引,视野开阔,对历来众说纷纭、莫衷一是的学术公案,能够抽丝剥茧、研判是非,提出具有参考价值的意见。

《礼记·儒行》的作者和成篇年代,汉代郑玄等认为是孔子所作,而宋人吕大临、卫湜,元人陈澔,清人孙希旦及今人任铭善、杨天宇、吕友仁等则认为《儒行》当是战国末世儒者假托孔子所为。近来,王锷先生赞同郑玄的观点,认为"《儒行》是孔子的著作,是由当时在场的鲁国史官记录后,经孔门弟子整理而成,成篇最迟当在战国前期"[1]。对此问题,本书作者认真揣摩后,认为王锷先生的四条理由虽有一定道理,但还不足以支撑起其结论,难以说明《儒行》篇一定是鲁国史官记录的鲁哀公与孔子的问答之辞。同时,吕大临等断定《儒行》为战国末世儒者所假托固然缺乏"直接的证据",但他们的怀疑还是值得认真考虑的,《儒行》中的一些文字确实类似战国游侠口气,而不类孔子口吻。王锷对吕大临等人观点的否定其实也缺乏"直接的证据",何况,即使如王氏所说《儒行》"是由当时在场的鲁国史官记录后,经孔门弟子整理而成",似乎也不宜简单地把它说成是孔子的著作。

《礼记·月令》的作者与成篇时代问题,从古至今,学术界对此问题一直仁者见仁,智者见智,异见纷呈。本书作者梳理出八种不同的观点:一是《月令》为周公或周代所作说,或以为即《逸周书·月令》篇,汉人贾逵、马融、鲁恭、蔡邕,曹魏王肃,清人戴震、孙星衍、黄以周等主张此说。二是《月令》出于《吕氏春秋》说,汉人郑玄、唐人孔颖达、今人任铭善等均

---

① 王锷:《礼记成书考》,中华书局 2007 年版,第 49 页。

持此说。三是夏代所作说,西晋束皙主张此说。四是《月令》杂有虞夏商周之法说,隋人牛弘主张此说。五是《月令》因《夏小正》,《吕氏春秋》因《月令》,明人方以智主张此说。六是秦汉人所作说,清人汪鋆主张此说。七是战国时期齐人邹衍作说,今人容肇祖主张此说。八是战国时期晋人之作说,今人杨宽主张此说。本书作者认为,细绎《礼记·月令》全文可知,《月令》通篇以阴阳五行为经纬,将天文律历、宗教风俗、农桑渔牧及衣食住行等全部纳入五行学说之中,而阴阳五行学说主要创始于齐人邹衍,因而他主张容肇祖等人的"战国齐人所作说"可能比杨氏的"战国晋人所作说"更接近于事实。

此外,梁启超评价清代《礼记》学:"清儒于《礼记》,局部解释之小书单篇不少,但全部笺注,尚未有人从事。其可述者,仅杭大宗(世骏)之《续礼记集说》。……次则郭筠仙(嵩焘)的《礼记质疑》,对于郑注匡正不少。将来有著《礼记》新疏的人,这两部书总算最好的材料了。"[①]本书作者认为,梁启超的这一判断并不符合清代《礼记》学真实情况,完全是臆说。他认为,清代影响最大的通释全经的《礼记》学著作当推孙希旦的《礼记集解》和朱彬的《礼记训纂》。孙希旦的《礼记集解》和朱彬的《礼记训纂》皆是汉宋兼采之作,既采纳汉学之著作,又采纳宋学之解义,没有门户之见。相对说来,朱彬的《礼记训纂》多征引前贤时人之说,而自己对经义之理解较少,甚少案断,这是《礼记训纂》的不足之处。本书作者还评价说:清代《礼记》学的学术成就不如《周礼》学和《仪礼》学的成就高。孙希旦的《礼记集解》和朱彬的《礼记训纂》虽也算水平较高的《礼记》学著作,但远不及孙诒让《周礼正义》和胡培翚《仪礼正义》之精审详赡。

我国自古以来就有礼仪之邦的美誉,然而由于历史和现实的原因,传统礼仪文明的精华被很多人淡忘了,礼学研究几乎成为"绝学",普及

---

① 梁启超:《中国近三百年学术史》,江苏广陵古籍刻印社1990年版,第188页。

性的礼学读物更是凤毛麟角。程奇立教授《"三〈礼〉"真精神》一书的出版恰可填补这一空缺,该书一方面以通俗晓畅的语言介绍了三《礼》中最精彩、最有生命力的内容,另一方面又阐述了这些内容蕴涵的思想价值和治术意义,不失学术内涵。不过该书亦有可改进处,如对《周礼》学、《仪礼》学和《礼记》学发展流变的介绍,详于《周礼》学的发展流变,对《仪礼》学和《礼记》学的发展演变的论述则疏略得多,稍嫌用力不均。但瑕不掩瑜,该书对三《礼》的重新解读、认识和评估,既可作为了解国学基础知识的普及性读物,也可指示三《礼》研究的方向,其于中国传统文化内涵的准确把握、中华优秀文化的传承发扬都具有重要的价值。

（责任编辑:杜春雷）

Table of Contents & Abstracts

Classics: Special Resources of National Culture

Shu Dagang

Abstract: Literature has always been the main carrier of culture and civilization. In the treasure house of literature and cultural relics lies the bright gem of classics. Classics are known for its originality, paradigm, authority and eternality. As the quintessential and most far-reaching spiritual products, they determine a nation's spiritual belief, moral ethics, knowledge structure and value scale. Classics not only save the creators of classics themselves, but also conquer the receivers' world. For example, the Hebrew Bible (Tanah) shared by the Jewish people and the Western world, *Upanishads* and *Bhagavad Gita* in ancient India, Homer's epics for ancient Greek, Euclid's *Elements*, *Metaphysics*, and the *Quran* for Muslims are classics for their respective nations. As for the Chinese nation, The Six

Scriptures collated by Confucius and the subsequent Thirteen Classics are at the very heart of the ancient Chinese classics. Serving as the pivot and key of Chinese culture and indigenous civilization, classics conceive and sustain the 5000-years history of Chinese civilization. It is by classics that the first 2,500-years of history have been passed on and the second 2,500-years of civilization unfolds. These Classics instituted the spirituality, the cultural DNA and the basic trend of the Chinese nation. They are the essence, origin and soul of the Chinese nation. Many of the key concepts from *The Opinions on Implementing the Project of Inheriting and Developing Excellent Traditional Chinese Culture* jointly issued by the General Office of the Central Committee of CPC and the General Office of the State Council of the People's Republic of China are borrowed from ancient Chinese classics. For this very reason, cultural confidence should start with the revival of the Chinese Classics. And cultural exchanges also should begin with the propagation of Chinese Classics.

Keywords: Culture; Western classics; Chinese classics; Contemporary value

The Study and Canonization of *the Book of Songs* in the Spring and Autumn Period

Huang Kaiguo

Abstract: *The Book of Songs* is the most popular and the most cited literature in the Spring and Autumn Period. Quotations during the Spring and Autumn Period from *The Book of Songs* shed light on issues such as why and how this book took form, how this book was received during that time, and whether its original copy contained three thousand poems or more. The significance of cannonizing *The Book of Songs* is demonstrated by its application in advising political affairs, providing the principle of rites for poem compostion, and being cited by the learned men to make arguments.

Keywords: the Spring and Autumn Period; *the Book of Songs*; quotation; canonization

The Significance of the "Four Books" Scheme in Confucian Classics

Jing Haifeng

Abstract: In addition to the scheme of the "Six Classics", the "Four Books" and their interpretations also occupy a prominent place in the schemata of the Confucian classics. As the legacies from three generations of civilization, the Six Classics were collated by Confucius himself and became the fundamental canon for pre-Qin Confucianism. In the process of compiling, interpreting and transmitting the Six Classics, expository writings took form, and became biographies and journals. The Four Books are the most relevant and typical works of biographies and journals that illustrate and develop the ideas of the Six Classics. After endless elaboration by subsequent generations, especially Zhu Xi's scrupulous rearrangement, the Four Books have achieved equal prominence to the Six Classics in the schemata of Confucian classics. The process of the Four Books being schematized and canonized is fraught with complexities. It is a significant milestone in the history of Confucianism. Without the newly established system, it would have been difficult to imagine the emergence of Neo-Confucianism or the so-called "second phase of Confucianism." It is with the novel classical form pivoted on the Four Books that a solid theoretical foundation was laid for the new development of Confucianism after the Song Dynasty. From a hermeneutic point of view, the scheme established by the Four Books is not just simple rearrangements or combinations of texts, but adjustments and re-forming of ideas. Apart from elaborate reorganization, the scheme of the Four Books has made innovative changes to the inner logic of doctrines, which include Confucian traditions, lineages, the continuation of Confucian ideologies, the discovery of issues pertinent to the new era, as well as the schematization and continuation of Confucian philosophy, etc. These are precisely the core elements of Neo-Confucianism in the Song-Ming dynasties.

Keywords: The Four Books and The Five Classics; the classics and the biographies; the interpretation of classics; Four Book Studies; Neo-Confucianism

New Exploration on the Authenticity of Lie Zi and His Works and the Aesthetic Characteristics of Ideology and Art

Zhan Shichuang

Abstract: Lie Zi and his book *Liezi* have often been questioned for its authenticity. After researching on a large corpus of documents, the author contends that the inheritance of Lie Zi's Taoist school is clear. His book *Liezi* has maintained the basic literary style of the pre-Qin period in general in spite of minor changes resulted from the polishing touches made by later generations. The alteration in the title of Lei Zi's book from *Leizi* to *Chong Xu Zhen Jing* reflects the trend of readers' cognitive understanding about the book's major theme since the Tang dynasty. The so-called "Chong Xu" ("冲虚"; indifference and static emptiness) is "Zhong Xu", "Zhong" means inner harmony, and the "Xu" emphasizes the removal of self-obsession to conform to the essence of Tao. This book builds upon this core concept of "the Tao of Chong Xu" to establish ideologies such as the theory of life's origin and root, the theory of cosmos generation, the theory of self-discipline and social governance and etc. "Chong Xu" is not only *Leizi*'s overarching principle regarding how to conduct life, but also the most sublime realm in terms of aesthetics. In this realm, life flows with the natural rhythm of seasons, and is therefore rhythmic. The cadence of life echoes the rhythm of nature and the unfolding of time. There is this flow from an introduction to development, from development to transition, and from transition to summation. It is this rhythm that endows the aesthetic realm with the property of music. Every episode in a given event, every appearance of a given matter, back and forth, gradually and orderly displays the magnificence of this artistic and aesthetic realm. And this can be described as Chong Xu senses Tao, Chong Xu manifests Tao, Chong Xu gathers Tao and Chong Xu beautifies Tao. It is because of Chong Xu that we truly know ourselves, and because of Chong Xu that we have elevated the aesthetic realm of space.

Keywords: Lie Zi; Chong Xu; aesthetic realm

The Theory of Mind's Nature and Mahayana Path in *Zhan Cha Jing*

Chen Bing

Abstract: The full name of *Zhan Cha Jing* (占 察 经) is *The Sutra Foretelling the Consequences of Good and Evil Karma* (*Zhan Cha Shan E Ye Bao Jing* 占察善恶业报经). This is one of the three fundamental scriptures of the Ksitigarbha Bodhisattva Belief in Mahayana Buddhism. In this sutra, Ksitigarbha Bodhisattva, targeting at those who do not believe in Buddhism at the end of the Dharma era, claimed that the path that can make them develop a pure belief, so that they can have faith in Buddhism, and thus can correctly understand the theory of Buddhism. This idea is from the Theory of Mind's Nature (xinxing lun 心性论) of the Tathagatagarbha (Rulai Zang 如来藏) Series, which has made a detailed argument for the Oneness with Reality (yishi jingjie 一实境界), commonly known as the Mind's Nature (xinxing 心性), Mahayana Buddhism's theoretical foundation. The sutra also shows how to practice the way of Bodhisattva by relying on the pure nature of one's mind. This is an important classic of "True and Eternal Nature Mind Theory" (zhenchang xinxing lun 真常心性论) in the Sinicized Buddhism's.

Keywords: *Zhan Cha Jing*; The Mind's Nature Theory; Mahayana Path

Academic Review

Rectification, The Restoration of *Xiaojing's* Status as a Classic:
A Synopsis of Studies on *Xiaojing* in the Past Ten Years

Wang Fang

Abstract: In the past decade, with the concept of "building a good family tradition" being advocated for implementation, the traditional idea of filial piety has gained increasing esteem. At the same time, with the emergence of new historical materials and new perspectives, enthusiasm to study *Xiaojing* and the culture of filial piety have been revived. The status of *Xiaojing* as a classic has also been restored. We can acquire a comprehensive understanding on the development of *Xiaojing* studies by cataloging and summarizing previous research on *Xiaojing* in the past ten years.

Keywords: Past ten years; *Xiaojing*; Overview

Research Notes

Reviews on the True Spirit of the "Three Rites"

Xia Wei

Abstract: The True Spirit of the "Three Rites" written by Professor Cheng Qili is a detailed synopsis on the intellectual content of "Three Rites". It starts from previous literature and studies on the "Three Rites", namely *The Book of Etiquette and Ceremonial*, the *Rites of Zhou* and *The Book of Rites*. Cheng's book also discusses the ideological value and the scholastic significance conceived by the most magnificent and vital chapters found in those works. It presents valuable suggestions for the cases of ritual studies which have always been subject to debates and arguments. Not only can this book be used as a popular reading for Sinology lovers to understand basic notions in Chinese Classics, but it can also serve as a conduit for scholars to further explore the forefront of ritual studies.

Keywords: *Rites of Zhou*; *The Book of Etiquette and Ceremonial*; *The Book of Rites*; ideological implication

约稿函

《中华经典研究》旨在"研究经典，传承文明；融会中西，沟通古今"。本刊主要栏目有：文本研究、经典阐释、名家访谈、学术动态、海外传播、青年学者论坛等。我们以"开明开放，平等平和；百家经典，兼容并包；学术融通，互动互鉴"为办刊方针，倡导学术民主，讨论自由，因经明道，弘道兴学。研究经典之文本，总结经学之成就，发掘经典之价值，揭示圣贤之密旨，为认识历史、服务现实贡献智慧。引领社会亲近经典、研读经典、品味经典，从经典中汲取古今中外圣贤的智慧。

来稿须坚持马克思主义的立场、观点和方法，体现原创性、前沿性和专业性，符合学术规范，学风严谨、文风朴实。来稿须确保没有知识产权争议，杜绝弄虚作假、抄袭剽窃、侵犯他人知识产权。论文部件及格式：包括题名（一级标题3号，二级标题4号，三级及以下标题与正文同用小4号，俱宋体），作者（4号楷体），中、英文内容摘要（200字以内，中文5号楷体，英文5号Times New Roman），中、英文关键词（术语3—5个，中空1字符，中文5号楷体，英文5号楷体Times New Roman），正文（中文简体，小4号宋体），注释，参考文献（置于文末，用1、2、3……排序，5号宋体）等。

其中，注释统一采用页下注（脚注），序号用①②③……置于引用文字或要说明文字的右上方。每页重新编号(小 5 号宋体)。相关技术规范如下：

专著。如：晁中辰：《明成祖传》，人民出版社 1994 年版，第 6 页。

析出文献。如：汪子春：《中国养蚕科学技术的发展和传播》，载自然科学研究所编：《中国古代科技成就》，中国青年出版社 1978 年版，第 382—391 页。

古籍。如：[清]姚际恒：《古今伪书考》卷三，清光绪三年苏州活字本，9/a。

[明]屈大均：《广东新语》卷九《城隍》，中华书局 1985 年标点本，第 5 页。

期刊、报纸。期刊如：吴艳红：《明代流刑考》，《历史研究》2000 年第 6 期。

报纸如：李眉：《李劼人轶事》，《四川工人日报》1986 年 8 月 22 日。

外文文献。如：Chreles Shepherdson, *Vital Signs*: *Nature*, *Culture*, *Psychoanalysis*, New York: Routledge, 2000, p. 35.

D. Schiffrin, D. Tannen & H. E. Hamilton (eds.), *The Handbook of Discourse Analysis*, Oxford: Blackwell, 2003, pp. 352–371.

转引文献。如：章太炎：《在长沙晨光学校演说》，1925 年 10 月，转引自汤志钧：《章太炎年谱长编》下册，中华书局 1979 年版，第 823 页。

来稿需提交电子文本或纸质文本。投稿日期以邮件寄发时间为准。应另件专附作者简介及项目信息(200 字以内)。电子版稿件请以 word 文件格式提交，邮件主题为"《中华经典研究》投稿"，文件名为"作者名—文章名"，请发送至：scuzhjdyj@163.com。纸质稿件请寄：四川省成都市武侯区望江路 29 号四川大学中华文化研究院《中华经典研究》编辑部收，邮政编码 610064，请注明"《中华经典研究》投稿"字样。联系电话：028-85415080。

稿件评审采取双向盲评方式,严格遵循科学、专业、公正的原则,实行函件与线上评审相结合,个人审阅与会议评审相结合,履行责任编辑初审、编辑部二审、编委会三审、主编审定等程序,严把稿件质量关。来稿一经录用即行通知,并致稿酬,优稿优酬。

请勿一稿多投。若投稿后三个月仍未接到用稿通知,可自行处理稿件。纸质稿件恕不退还。

本刊已许可中国知网等网络知识服务平台以数字化方式复制、汇编、发行、信息网络传播本刊全文。本刊支付的稿酬已包含网络知识服务平台的著作权使用费,所有署名作者向本刊提交文章发表之行为视为同意此说明。如有异议,请在投稿时说明,本刊将按作者说明处理。

Invitation Letter for Contributions

The purpose of *The Study of Chinese Classics* is to "study classics, inherit civilization; integrate different cultures, and communicate between the ancient and the modern." The main columns of this journal include Text Analysis, Exposition on Classics, Scholars One-on-One, Academic Trends, Overseas Dissemination, Young Scholars' Forum, and etc.

We embrace the principles of being open-minded, being inclusive, being communicative, and mutual learning. We advocate academic democracy, freedom of discussion, truth-seeking, and knowledge revival by studying classics, learning from previous achievements, discovering the value of classics and revealing thoughts of sages. By doing so, we contribute our wisdom for understanding history and serve society.

Manuscripts submitted to our journal must adhere to the Marxist position, viewpoint and method, reflect originality, frontier of the most current research and professionalism, and must be in line with academic standards, demonstrate academic rigor, and follow a straightforward academic writing style. Authors must ensure that there is no dispute over intellectual property rights, and no fraud, plagiarism, or infringement of other's intellectual property.

Manuscripts written in languages other than Chinese should follow MLA style as set out in the most recent edition of the MLA Handbook. *The Study of Chinese Classics* adopts a double-blinded review process. We encourage authors to send in your manuscripts anonymously with author's bio attached in a separate document to the editorial office of *The Study of Chinese Classics* via email. The email address is scuzhjdyj@ 163. com.

Please know that the author should disclose any prior distribution and/or publication of any portion of the material, including where the article has been shared as a preprint, to the Editor for the Editor's consideration and make sure that appropriate attribution to the prior distribution and/or publication of the material is included.

The Study of Chinese Classics provides the author grants for the sole and exclusive right and license to publish for the full legal term of copyright.